Nevio Doz

laghi di LOMBARDIA

testi e didascalie di
Amanzio Possenti

Edizione Grafica & Arte
promossa dalla
Camera di Commercio di Brescia

Viaggiamo per conoscere. Per assaporare nuove sensazioni, nuove immagini, nuove emozioni.

Viaggiamo per vedere ed acquisire nuovi stimoli. Un libro di fotografie, una raccolta di splendide riproduzioni paesaggistiche, può essere un ottimo complemento o viatico al viaggio.

Le immagini di questo volume, "Laghi di Lombardia", rappresentano un itinerario ideale attraverso i laghi della nostra regione. Sensazioni, appunti, emozioni così come il fotografo le ha colte e fissate sulla pellicola. In altre parole, un viaggio, un percorso che i lettori di questo libro potranno ricostruire a loro piacimento, secondo i ricordi e le memorie di ognuno.

La Camera di Commercio di Brescia che, attraverso la Borsa dei Laghi, ha fatto della valorizzazione del patrimonio lacuale italiano uno degli obiettivi significativi della propria politica, si augura che il volume possa essere, per chi avrà l'occasione di sfogliarlo, un incentivo alla visita, uno stimolo alla presa di contatto diretta con i luoghi in esso rappresentati.

I laghi lombardi sono teatro di cultura, di storia, fonte di tradizione, sinonimo di vacanza, tranquillità e riposo.

Spero che il nostro contributo alla valorizzazione di questo turismo si tramuti, anche da parte degli operatori, in un desiderio di migliorare ulteriormente quanto la natura, l'arte e gli uomini del passato già hanno saputo fare per la crescita di quei luoghi. Oggi, il fotografo ha immortalato sulle pagine di questo volume le meraviglie dei laghi lombardi. Sta a tutti noi farle vivere nel futuro.

Il Presidente della Camera di Commercio Industria
Artigianato e Agricoltura di Brescia
Dr. Francesco Bettoni

Il solito disinformato, e maligno: «Ma, voi, in Lombardia, che cosa potete presentare? Il Duomo, la Milano dei Navigli, l'arte veneta di Bergamo, qualche memoria medioevale di Pavia, il Torrazzo, tante industrie e che altro?».

Il lombardo tirato in causa: «Penso proprio che lei incappi in troppe dimenticanze… Non ha mai sentito parlare dei laghi di Lombardia? Ebbene, se non le è capitato, s'informi, perché sono i più belli d'Italia, se non d'Europa, e, guarda caso, sono tutti in terra lombarda, pur se qualche sponda bagna altre regioni…».

STORIE, IDENTITÀ, ROMANTICISMI FRA ONDE, RIVE E APPRODI

Incalza il primo: «D'accordo, ma chi ne parla? Lo sapete voi che abitate al nord… Chieda ad un cittadino dell'Umbria o della Lucania o della Sicilia, quanto egli conosca di questi laghi. E scoprirà che conosce a malapena il nome, o poco di più…».

Reagisce il secondo, toccato sul vivo: «Forse i nostri laghi non sono sufficientemente propagandati, e sia. Non certamente il Garda, acclamato dal turismo anglo-tedesco, e il Maggiore, che magari qualcuno considera più svizzero che lombardo… Suvvia, non raccontiamo cose insensate: questi laghi sono dei gioielli, invidiati. Ammetto, una pubblicità maggiore gioverebbe molto… Ma sostenere che i laghi di Lombardia sono poco noti, no, non posso lasciarlo passare…».

Ancora il disinformato: «Sarà, e capisco la sua reazione. Ma non è eccessiva la disinformazione? Voglio dire, forse manca un adeguato intervento promozionale… Cose che comunque non mi riguardano…

Invece desidererei, da Lei che rivela tanto interesse per i laghi, qualche ragguaglio in più, per colmare la mia ignoranza… Saperne di più, servirà a molti in definitiva…».

… Eppure per cancellare indifferenza o ignoranza, basterebbe poco: per esempio, munirsi di una bicicletta o di una "mountain bike" e percorrerne le sponde; o farsi trasportare da un treno lungo le rive, salire su un battello o su un'auto o su un pullman per un giro di osservazione…

Intendiamoci: questi laghi - meraviglia della Lombardia e d'Italia - non chiedono di diventare prigionieri del consumismo di massa, bensì di essere apprezzati per la qualità dei rispettivi territori, che proprio non temono paragone. Le acque invitano a tuffi nella memoria o nelle atmosfere, e allora…

In primo luogo, la geologia: essa ha conformato i luoghi, sui quali si è disegnata una linea di incontro fra monti e acque. Mentre i primi si sono assestati in un paesaggio geologicamente mutevole e per questo più fascinoso, le seconde si sono "accomodate" dentro ampi bacini - a seconda delle dimensioni dei siti - fino a stabilirsi nelle superfici attuali.

La geologia ha rimarcato le ambiguità dei luoghi: scoscendimenti a lambire le acque del Garda, rive dolci ad abbracciare il Maggiore, pendici aggraziate a baciare il "ventre" molle del lago di Como e Lecco, piane ed isolotti ad assecondare le caratteristiche dell'Iseo. Zona per zona, un assemblarsi - e perpetuarsi - di situazioni protostoriche, sino al definitivo consolidarsi: a sponde talora alte e disadorne, talaltra basse e boschive o addirittura inferiori al corso delle acque, e limacciose, si contrappongono, in un contrappunto quasi impercettibile, spazi nuovi e larghi, rive che si rinserrano come fiore geloso all'ombra, fenomeni di mutazioni che hanno scavato le sponde, trasformazioni esercitate dall'uomo per esigenze proprie. Insomma, una geologia generatrice di mutazioni infinite nei millenni e di realtà oggi inedite e tuttavia chiaramente differenti fra loro.

Le sponde sono la cornice. Su ognuna - appena a ridosso, oppure più sopra, nei villaggi, o a contatto con l'acqua - l'uomo ha costruito gli strumenti per "vivere" il lago, per solcarlo con imbarcazioni, per percorrerlo con il "ferry-boat" se utile al trasporto delle merci, per utilizzarne la limpidezza ai fini di depurazione, per scriverci il desiderio di vacanza, per accogliere e sviluppare iniziative economiche. Non solo cornice - fra le più fresche e lusinganti, profumo di cose belle, non scambiabili - anche punto di commercializzazione.

È l'uomo il destinatario del vivace operare sul e per il lago. Spetta a lui - da sempre - promuovere e rigenerarne la funzione. Non si tratta di sfidare la capacità di tenuta - fondata sul rinnovarsi di consuetudini naturali, in un equilibrio acqua-portata, vigilato da appositi strumenti - piuttosto di cogliere il seguitare progressivo della dedizione alle fatiche umane: almeno finché l'uomo continuerà a rispettarne gli argini e il bacino, e non si lascerà vincere dalla non osservanza di regole antiche non scritte, di mutua convivenza: ed anche finché l'uomo non sarà sopraffatto dal desiderio (stolto) di imperare sul lago, dimenticandone l'autonomia e soprattutto "colonizzando" il ruolo, inventivo ed audace, della natura.

I laghi disegnano il carattere della terra di Lombardia, ognuno con propria ritualità: il Garda delinea una regione dalla bellezza aspra e forte, come l'albero dell'ulivo che vi prospera; il Maggiore conferisce un'impronta di pulsante sensualità, tramite le anse che, a perdita d'occhio, sembrano mozzare il fiato nell'infinità del mistero; il lago di Como e di Lecco - diviso, ma tra fratelli - rimarca l'animo inquieto e concreto del lombardo, rapito dalla maestosità degli squarci, però capace di sforzi immensi per superare le difficoltà dei monti che sforbiciano sopra le acque; l'Iseo rammenta che, in queste terre, si articola un mondo che, fra sogni, streghe e tarocchi, si scontra quotidianamente con il sapore del "fare".
I fondali paiono trattenere - nell'empito degli invasi - questi "mix" di autenticità lombarda, per proporli ininterrottamente sia agli indigeni, sia ai forestieri.
Laghi misteriosi e caratteristici, per una Lombardia che è anche mistero, ma principalmente carattere.

Da questi specchi d'acqua emana l'identità di tante storie tramandate o scritte, assorbite o respinte, comuni alla medesima origine lacustre: di battaglie (sul Garda, all'epoca degli scontri fra Venezia e Milano, e, più tardi, attorno al "quadrilatero" austro-ungarico combattuto dalle truppe di Carlo Alberto), di decadenza politica (la nascita, sul Garda, della Repubblica Sociale di Salò), di letteratura (sulla scia di profumi manzoniani effusi fra Lecco, Pescarenico e il Resegone, di tesori di poesia lasciati dai versi di Catullo davanti alla penisola sirmionese, di irriducibili memorie storiche di Tomaso Grossi a Bellano e degli alteri inni di Gabriele D'Annunzio pensati al Vittoriale davanti ad acque morbidamente acquiescenti), di esperienze tragiche (Benito Mussolini in fuga, catturato a Dongo e poi giustiziato), di tesori nascosti (ancora a Dongo, trafugati dai tedeschi del Terzo Reich in ritirata), di musicisti (Gianandrea Gavazzeni, ospite del ritiro familiare di Baveno), di arte (nell'esprimersi di esperienze e tecniche pittoriche, scultoree ed architettoniche le più diverse, per tutti, i famosi Maestri Comacini), di spettacolo (la villa-museo, a Cernobbio, dedicata al grande regista Luchino Visconti), di salute (le fonti termali di Sirmione), di vitalità (la qualità e la durata della vita, a Limone), di grandi casate (i Martinengo, i Visconti, gli Sforza, i Gonzaga), di cantanti (la voce favolosa di Maria Callas, nel riposo sirmionese), di vacanze (milioni di villeggianti che negli anni sono diventati i primi trombettieri di questi laghi).

E ancora, il lirismo dei luoghi, permeati di poesia semplice, limpida, rasserenante. I versi - dei grandi come dei più modesti poeti - sgorgano quali zampilli freschi, racconti di sensazioni che soltanto il lago esplicita e moltiplica. Ovunque, il cielo azzurro di Lombardia - chiaro e nitido nei giorni spazzati dal vento, turbolento e nebbioso quando l'inverno soppianta ogni presenza di luce piena - si stempera al ceruleo ondeggiare delle acque, che paiono riposare all'invito della quiete. La poesia - tremula e sofferente - nasconde tormenti e speranze, che il lago addolcisce in impalpabile partecipazione.

Il vento, soffiando, modifica gli approdi, segna nuove sinuosità, sedimenta il marchio del tempo e mentre increspa le acque dona loro il gusto di un ebbro disperdersi nello spazio. Sul lago, il vento traccia arabeschi di linee e di segmenti espressivi, smorza o accende i toni, alla stregua dell'autore che nel dipinto cerca le tonalità capaci di ordire il tessuto della composizione. Al vento che scuote, le acque reagiscono obbedendo in tramestìo felice, come l'assordante cicaleccio di bambini sull'approdo.
Vento ed acque, sui laghi di Lombardia, sono tutt'uno, incontro evocatore di passioni remote e ripristinate e di sinfonie di musicalità piena, da grande orchestra a più voci.

Tocchi di romantiche accensioni soffiano sui laghi di Lombardia. Non solo grazie ai ricordi letterari, ancor più per le esaltazioni ambientali. I golfi paiono incarnare la dolcezza di un incontro d'amore senza fine; man mano le acque vi si introducono, dapprima furtive, poi rinfrancate, quindi pronte ad infrangersi e a turbarsi nei nuovi ordini indotti dall'onda, i movimenti rallentano come a descrivere un abbraccio affettuoso con la riva.

Ci si immagina di scorgere amanti segreti ma sereni, alla riscoperta dei rispettivi corpi, mentre la delicatezza degli spiriti li confonde in unità.

Il sentire romantico aleggia anche nel mezzo del bacino, sotto l'azione di onde ripetitive ma ritmiche, sulle quali spicca la fantasia di un'onda che dondola o di un'altra che accoglie e di un'altra ancora che si stempera e si disunisce, uno svegliarsi e risvegliarsi di amori innocenti, nel cullarsi di un "romantico" ondeggiare.

Ricordo la visione delle acque spezzate dal passaggio dei battelli fra Varenna e Menaggio: si impennavano come a stringersi in un ininterrotto amplesso; e poi, quando perdevano la gioia del sentirsi insieme, parevano riposare più serene. Un delizioso accostarsi, fra onda, riva e mezzo nautico: e un libero abbracciarsi, nella pienezza dell'armonia.

L'enigma dei laghi di Lombardia. Di fronte alle tentazioni suscitate dai colori plumbei e severi del lago di Costanza, alle sensazioni dolciastre provenienti dal Trasimeno o dal Bracciano, alle asprezze dolomitiche delle acque del Carezza, del Misurina o di Castel Toblino, nei laghi lombardi non c'è alcunché di scontato. Si notano i segni di una ambiguità positiva, poiché non c'è risposta unica nelle irruenze come nei trasalimenti; tutto si modifica all'improvviso, non sopravvive un programma o un progetto; avviene anche per le situazioni meteorologiche negative che manifestano l'inconsueto, pur nella quotidianità di eventi arcinoti. Ogni attimo della natura propone un interrogativo: persino un temporale. Ne ricordo uno, visto da una camera d'albergo a Menaggio: avvertivo il senso della reattività del lago colpito dalla furia del nubifragio, eppure le acque non si addomesticavano al frastuono, parevano disincantate, estranee, e così sino all'apparizione dell'arcobaleno, giustapposizione fra pace e sereno. Ne rammento un secondo, dal salone di un ristorante sulla "punta" di Sirmione: pioggia battente che penetrava dappertutto, e di fatto si introduceva nel nostro "habitat" protetto, tuttavia il lago, là sotto, non si arrendeva all'ira della bufera, beffardamente scontroso, ieratico nell'estraniarsi.

Ecco le ambiguità: il lago resta tale, impermeabile ai fattori esterni, e tuttavia vendicativo nella calma connaturale, sperimentata nel tempo.

I colori, ovvero l'aria dei laghi di Lombardia: dal verde smeraldo al blu cupo, dall'azzurrino ovattato al tiepido celeste, le gradazioni scoprono magìe trepidanti e festose. Né si industriano di meravigliare, si direbbe che tentino piuttosto l'avventura del conquistare.

Man mano le acque si sposano con il cielo - nozze benedette dalla luce che eccita le sponde e le spoglia di ogni scudo protettivo - e i raggi del sole pieno o in arrivo dalle nubi appena filtrate penetrano nell'onda, questa reagisce assorbendo colori e trasmettendoli, per incanto, all'intorno, sì da generare altre policromie, come in una irrealtà fatata. Si spalanca una visione di straordinaria nobiltà espressiva: nessun pittore, anche il più ispirato, saprebbe restituire sulla tela i dondolii ninnanti del colore nuovo che sorge e si nasconde, proiettandosi verso l'alto e calando sotto l'onda, manifestandosi e ripiegandosi, ripetendo all'infinito il germogliare e il morire di sensazioni inebrianti, conosciute ma sempre sorprendenti.

L'onda - che non ha l'andamento marino, è più secca, breve e rapida - si bea dei colori che i raggi le riservano: se l'ammirate sotto-battello - quando il color argento divampa come scrigno che sparge all'intorno i crepitii luminosi delle tonalità finallora trattenute - localizzerete nel cuore l'ansia e la sensibilità di *quel* colore, che pur passeggero, si imprime, testimonianza fulminea.

Anche se vi lasciate rapire dall'onda che si smorza sulla riva, di là del suo rinnovarsi e rivestirsi, scoprirete la misura di un colore istantaneo, sibillino e beffardo, che esalta la scala cromatica.

Specchi affascinanti, nei quali ci si rimira non per chiedere risposte bensì per sentirsi accolti, i laghi di Lombardia sono un tripudio di vegetazione. Se le Isole Borromee si prospettano invitanti sotto questo profilo, giardini di eccezionale equilibrio vegetale, nei quali la natura spende i talenti più misteriosi, il fascino arboreo e floricolo è onnipresente, sì da identificare, nella vegetazione, il microclima ideale.

L'esprimersi di piante rare e il crescere di fiori insoliti avvengono in una temperatura che, inneggiando alla mitezza, corrisponde alla necessità della natura. Piona, che ospita la celebre abbazia, propone un ventaglio di vertiginose curiosità: nel silenzio del luogo religioso - che canta a Dio la gioia della gratitudine -, il verde riposa come il sovrano che non intende essere disturbato: la natura, attorno, scioglie l'inno di una flora rivolta allo sguardo riconoscente di chi vede, nell'ambiente, un "unicum", fra cielo, colle, lago e vegetazione.

I vini, l'olio: agricoltura in festa! L'area di Sirmione produce un vino di prestigio assoluto, il Lugana; ma, sul Garda, si apprezzano anche il Bardolino - dal nome della ridente località dove l'uva omonima è la regina -, il Soave e l'Amarone, nella vicina sponda veneta. Vini locali, magari meno rinomati e tuttavia gustosi, sul Sebino, dove si coltiva anche l'ulivo. E, dappertutto, un'agricoltura fertile, sollecitata dalle indulgenze della meteorologia.

L'ulivo - che descrive paesaggi rigorosi ma dallo stile accogliente - genera sul Garda olio fragrante, leggero, appetibile, l'olio del Paradiso. La pianta - di là del suo utilizzo - resta senz'altro il simbolo generosamente efficace del Benaco: i suoi sforzi di albero che si curva, si contorce, si aggroviglia ma non demorde, premiano la dedizione atavica dei coltivatori, condividendo la coincidenza fra olive spremute - segno di serenità e di vita - e lavoro, frutto di impareggiabile volontà di amare e di fare. Le acque minerali, sgorgando dalle vene dei monti - principalmente dal Baldo - accendono di naturalità i territori, facendo memoria che la natura, se ben trattata, restituisce in benignità quanto più e meglio.

Gli uccelli acquatici nidificano sui laghi di Lombardia in cantucci isolati, spesso deserti, in un palcoscenico incontaminato. Custodi gelosi di questi angoli, quando si alzano in volo, lo fanno in modo silenzioso, sussurrato, andando altrove a gridare i loro cinguettii di gioia; preferiscono che il luogo di nascita resti un ricordo senza rumori. Poi, via lungo il lago: anatre, anatroccoli, germani reali, in file interminabili o in cerchi concentrici, percorrendo itinerari nei quali si imbattono in gabbiani volteggianti e superbi nel volo audace e mordi-e-fuggi; nondimeno cigni regali e signorili, che si fanno toilette senza preoccuparsi degli osservatori; ed infine i ciuffolotti, splendidi esemplari neri con becco acuto e lungo che, sul Garda, incuriosiscono quali saltatori d'acqua, come lanciati da un trampolino di fantasia, sul quale rientrano, invariabilmente, dopo cronometrici soggiorni in apnea.

Le stagioni sui laghi: spensieratezza di clima e di cromìe la primavera, emozioni di libertà d'estate, dolcissimo l'autunno, rattristante l'inverno. Come altrove, si dirà. Ma le fotografie di Nevio Doz narrano i passaggi delle stagioni in modo diverso, nel succedersi, lento e progressivo, non ignorabile del tempo dell'uomo. A fronte di colori caldi e scoppiettanti si sedimentano quelli freddi, smorzati, pressoché levigati, e le immagini di Doz lievitano dal calore al tepore al gelo, come focalizzate in un laboratorio di esperienze. Per le popolazioni dei laghi le stagioni assomigliano a maxischermi sui quali si tracciano gli aggettivi della vita: scalpitante la primavera, quando arrivano i primi turisti, coinvolgente l'estate allorché le torme si moltiplicano a dismisura, quieto l'autunno con i forestieri che diradano e fosco l'inverno, mentre il lago dorme e la natura non sa più escogitare - se non fermando il tempo - gli incantesimi delle stagioni propizie.

Catullo, Virgilio, Plinio il Giovane, Manzoni, Foscolo, Parini, Carducci, D'Annunzio, Grossi, Byron, Shelley, Stendhal, Goethe, Sereni, Chiara, Luchino Visconti, ecco alcuni prìncipi del canto per i laghi di Lombardia. Ogni autore ha ritagliato - e sofisticato - un'idea, uno spazio, una memoria, lasciando ai posteri la fortuna e la soddisfazione di approfondire e di collegare. Tutti hanno aperto un varco alla conoscenza ed espresso, con amore, la fantasia creativa di questi luoghi, cogliendone estetiche folgorazioni ma anche sensibilità squisite ed inattese. Ogni poeta ha cantato l'eleganza maiuscola, sibillina, inedita dell'ambiente, consegnando al cuore dell'umanità un tesoro di trasfigurazioni. Il Garda, il Maggiore, il Como-Lecco, l'Iseo si sono sentiti contemplati nei versi e negli accenti, in uno scambio proficuo - e dilatato - fra tempo, acque, uomo.

Le culture si sono sprofondate nei laghi di Lombardia, raccogliendone umori e profumi: quella veneziana ha guidato, con presenza aristocratica, le sorti di tanta parte del Garda, quella milanese-spagnolo-francese ha riversato il potere sui laghi di Como-Lecco, quella franco-piemontese ha dato stile alle zone del Maggiore. Culture e popoli di comune estrazione italica, anche se divisi da scelte divergenti: culture che si sono scontrate e confrontate e poi riunificate per rendere più splendente la

Penisola, intrecciando un rapporto di orgoglio convinto con la Lombardia, madre e sorella. Oggi, questi laghi possono considerarsi una regione nella regione, esempio di terre dalle radici geo-storiche differenti, confluite dentro una cifra comune di identità e di volontà.

I laghi di Lombardia non sono soltanto i quattro principali che la notorietà e le dimensioni hanno reso cari a chi ci abita e a chi li frequenta. Al Benaco, al Sebino, al Verbano e al Lario - denominazioni classiche - si affiancano altri laghi minori, ma non meno emozionanti al cuore e all'occhio, di Mantova, Endine, Idro, Valvestino, Garlate, Olginate, Annone, Pusiano, Alserio, Montorfano, Segrino, Piano, Varese, Biandronno, Monate, Comabbio, Ganna, Ghirla e Lugano.

Questo volume si propone di amarli e di abbracciarli tutti, indistintamente.

Nevio Doz - impareggiabile e raffinato cultore della macchina fotografica: le foto qui espresse sono il frutto di tre anni di itinerari elaborati dall'uno all'altro posto, alla ricerca del "cuore" e della "unicità" di ogni ramo lacustre - ha impressionato sulla pellicola, impreziosendoli, i "temi lombardi" di questi specchi d'acqua, fornendo la chiave per capirne lo spirito, lo stile, la poesia e la realtà, anche per chi - come il disinformato d'avvìo - poco conosce o forse quel poco non ha mai approfondito. "Grafica e Arte" in Bergamo - innamorata della terra di Lombardia, come dell'aria di casa propria - aggiunge, con tocco grafico-editoriale sapiente, i segni di maestria che ogni lago merita. Il mio testo cerca di sigillare e sintetizzare - accompagnandoli in fantasia - i propositi del fotografo e dell'editore e soprattutto di suggerire interessi ed attenzioni. Amare i Laghi di Lombardia, è un po' come amare il proprio respiro, perché fin tanto essi saranno i polmoni salutari, la Lombardia ne trarrà giovamento e spirito di rispetto verso la natura lacustre e l'ambiente tutto.

lakes OF LOMBARDY

The typical, misinformed, antagonistic person says: «You, in Lombardy, what can you show us? The Duomo, Milan's Navigli, Bergamo's Venetian art, a few recollections of Pavia, Torrazzo, umpteen industries... but what else?».

Piqued, the Lombard retorts: «I really think that you have forgotten quite a few things... Have you ever heard of the Lombardy lakes? No? Well, I think that you should get some information about them, because they are the most beautiful in Italy, if not in the whole of Europe and they are all to be found in the Lombard territory,

rather unknown, well... I don't buy that!». The misled one, then remarks in conciliatory terms: «All right. I understand your reaction. But isn't the cause of this an abysmal lack of information? What I mean is, maybe there isn't a proper and adequate promotional campaign afoot... In any case, all this has nothing to do with me... What I should like to have from you, as a person who appears to feel so deeply about his lakes, is some information to fill my lacuna, forgive the pun!... To know more about it, would also help other people...».

HISTORY, IDENTITY, ROMANTICISM AMIDST WAVES, SHORES AND LANDING PLACES

even though some shores might penetrate other regions...».

The first one plods on: «O.K. But who speaks about them? You know about them because you live in the North. Ask any Umbrian or Lucan or Sicilian how much he knows about these lakes and you will discover that he may barely know their name, let alone anything else...».

Heated rebuttal from the second one: «Maybe our lakes have not been properly promoted and I can grant you that. But not the Lake Garda, which is highly reputed by the Anglo-German tourism, and the Lake Maggiore which someone might even consider more Swiss than Lombard...

Come on, now. Enough with this nonsense! These lakes are true gems and they are greatly envied. I do admit though, that a wider publicity action might help...

But to say that the Lombardy lakes are

... And yet, to wipe out indifference or ignorance of a fact, would take so little effort! All one would need, for example, is a bicycle or a "mountain bike" and ride along the shores of the lakes. Or, one could take a train ride all along the shores, climb on a boat or a motor car or a bus for a "recce", a reconnaissance tour...

To be precise: these lakes - marvels of Lombardy and of Italy - are not asking to become prisoners of mass consumption. All they want is sincere appreciation for the quality of their respective territories which truly have no rivals. The waters invite delving into reminiscences or the atmosphere and then...

In the first place, we have the geology. It has outlined the area and delineated the meeting point of mountains and water. Whilst the first have settled into a mutable geological landscape, therefore more fascinating, the second have "housed" themselves within vast basins - according to the site dimensions - until they have stabilized into their present expanse.

Geology has underlined the ambiguity of the terrain: steep slopes descending to touch the waters of the Garda, gentle shores embracing Lake Maggiore, graceful declivities kissing the soft "viscera" of Lake Como and Lecco, plains and islets to gratify the configuration of the Iseo. Zone after zone, we observe the collection - and perpetuation - of protohistoric situations leading to the definite consolidation: the shores of the lakes - sometimes high and unadorned, sometimes low, covered in woodland or lying even below the course of the water and sludgy, - have been juxtaposed almost imperceptibly, by new wide spaces and shores which close up like a jealous flower in the shade.

Phenomena of mutation which have hollowed out the shores, and transformation at the hand of Man to satisfy his own needs.

No doubt, a geology which has generated infinite mutations throughout the millennia and nowadays, showing unique though clearly different realities.

The shores are the frames. Upon each one, just above or further up, in villages or in contact with the water, Man has built the instruments to "live" on the lake, to wrinkle its surface with boats, to cross it by ferry-boat to transport merchandise, to use the limpid waters for purifying purposes, to embroider upon its waters the dreams of a holiday, to welcome and foster economic developments.

But not only a frame. A marketing point as well, amidst the freshest and most flattering non-interchangeable fragrance of things exquisite.

Man is the-end user of Life on the lake and for the lake.

It has been left to him - since always - to promote and regenerate its functions. It is not a matter of challenging the holding capacity which is based upon the renewal of natural events in an equilibrium of water - capacity monitored by proper instrumentation - but rather to capture the progressive continuance of human devotion, at least, until Man will continue to have regard for the shores and the basin and not allow himself to be tempted by non-compliance with the timeless unwritten laws of mutual cohabitation.

And also until Man, overcome by - foolish - desire to rule over the lake, will forget the autonomy and mainly, the creative and mighty forceful role of Nature.

The lakes design the character of the Lombard land. Each one possesses its own ritual. The Garda delineates a region of harsh but strong beauty, just like the olive tree which thrives around its area. The Maggiore confers upon it an imprint of pulsating sensuality with loops delineating, as far as the horizon will go, a breathless view into an infinite mystery.

Lake Como and Lecco, - divided, yet akin to one another, - underlines the restless but concrete soul of the Lombard, enrap-

tured by the majesty of the gashes but willing to make enormous efforts to overcome the difficult path of the jagged mountains over the waters. The Iseo reminds one that in this land there lives a world made of dreams, witches and tarots which clash daily with the flavour of achievement.

The depths of the lake appear to hold within their watery entrails these "mixes" of Lombard authenticity, to proffer them endlessly to both the local people and the foreigners.

Mysterious, characteristic lakes in Lombardy, a region which is mystery itself, but mainly, character.

From these watercourses there emanates the identity of so many stories passed on from generation to generation or written, absorbed or rejected, but common to the same lacustrine origin.

The battles (on the Garda, at the time of the skirmishes between Venice and Milan, and much later, around the Austro-Hungarian "quadrilateral" fought by Carlo Alberto's troops). The political decadence (the birth, on the Garda, of the Social Republic of Salò). The literature (in the flagrant wake of Manzoni throughout Lecco, Pescarenico and Resegone. The poetic treasure of the verses of Catullo facing the Sirmione peninsula. The inexorable historical memories of Tomaso Grossi in Bellano and the haughty Gabriele D'Annunzio hymns conceived in the Vittoriale facing the warm acquiescent waters). The tragic experience (Benito Mussolini's escape and capture in Dongo and subsequent execution). The hidden treasures (again in Dongo, stolen by the retreating Germans of the Third Reich). The musicians, (Gianandrea Gavazzeni, at the Baveno family home on the lake). An expression of the most diverse sculptural and architectural experiences and pictorial techniques, (for all these, the famous Comacini Masters). The shows (the Villa-Museum in Cernobbio dedicated to the great film director, Luchino Visconti). Health and fitness (the Sirmione spa). Vitality (the quality and life span in Limone). Great noble families (the Martinengo, the Visconti, the Sforza, the Gonzaga). Singers, (the magnificent voice of Maria Callas at her Sirmione residence). Holidays (millions of holiday-makers who throughout the years have become the first to wax lyrical about these lakes).

And there is also the lyricism of the area, permeated with simple, limpid, reassuring poetry.

The verses - of the great and of the less renowned poets - are sheer gushing, rippling jets of tales of emotions which only the lake can elicit.

Everywhere, the blue skies of Lombardy - clear and bright in wind-swept days, turbulent and foggy when winter snuffs out all presence of light, - dissolve into the cerulean undulation of the water in response, it would appear, to an invitation to serenity. Poetry - quivering and anguished - hides torments and hopes which the lake softens with its impalpable participation.

The blowing wind re-arranges the landing places, designs new sinuous lines, deposits the imprint of time and in rippling the water, offers the taste of an elated oblivion into space. The wind on the lake traces arabesques and expressive segments, softens or deepens the hues just like the author who, similarly, looks for the tonalities that will weave the texture of the painting composition. In response to the wind vibration, the waters react and obey, happily a-quiver. Just like the deafening chatter of the children on the lake landing place.

Wind and water on the lakes of Lombardy are but one, an evocative encounter of old and renewed passions, of great symphonies performed by a large orchestra and choir.

Touches of romantic vibrations blow over the lakes of Lombardy. Not only due to literary reminiscences but mainly owing to environmental exaltation. The gulfs appear to take on the sweet mantle of an eternal love encounter.

As the waters enter, rather furtively at first and then in stronger vein and therefore ready to be thrown into the fray of the new waves, the movements slacken as if to describe a loving embrace of the lake shores.

One can almost visualize secret but serene lovers, discovering each other's bodies, their spirit fusing in unison.

A romantic feeling can be felt also in the centre of the basin below the action of the repetitious but rhythmic waves, where the fantasy of one wave leads her to swing and sway, whilst another draws unto itself, and yet another dissolves and disperses.

A continuous awakening and re-awakening of innocent loves amidst a romantic, billowing lullaby.

I recall the vision of the water, slit across and torn by the boats from Varenna to Menaggio. The waters would rise as if ready for an unceasing act of love and then, the joy of togetherness would subside and finally, they would relax, more serene. An exquisite mélange between wave, shore and nautical vessel. A free embrace in the plethora of harmony.

The enigma of the lakes of Lombardy.
Faced with the temptations arising from the leaden and harsh colours of Lake Costanza, sweet sensations exuding from the Trasimeno or from the Bracciano, the dolomitic roughness of the Carezza, Misurina or Castel Toblino waters, - nothing in the Lombard lakes can be taken for granted. One notices here signs of a positive ambiguity as there is no single reply to either the impetuous and the startling. Everything changes suddenly, no programme or planning can survive. This also happens under negative meteorological situations which give vent to the unusual, even during the daily happening of well-known circumstances.

Each moment in Nature leads to an interrogation. Even a storm. I remember one in particular, as viewed from a hotel room in Menaggio. I sensed the reaction of the lake struck by the fury of a cloud-burst and yet the waters did not respond to the conflict but appeared to be disenchanted, extraneous, until the appearance of the rainbow, a juxtaposition between peace and serenity.

I remember a second storm as seen from the dining room of a restaurant on the edge of Sirmione: a thrashing rain penetrated every nook and cranny, introducing itself even in our protected "habitat", but the lake below, scornful and sullen, solemn in its detachment, never surrendered to the ire of the storm.

Herein lies the ambiguity. The lake remains the same, impervious to external factors and yet, vindictive in its natural inborn serenity which has been tested and tried throughout Time.

Colours, or the air of the Lombardy lakes. From emerald green to deep blue, from muted, pale blue to warm sky-blue, the hues unveil a joyful and spellbinding excitement.

Detached and aloof so as not to startle you, one might say they indulge in the sheer adventure of conquest. As the waters fuse with the sky, nuptials blessed by the light arousing the shores and denuding them of every protective shield, the rays of the sun blaring or peeping from behind the barely filtered clouds, penetrate the waves which in turn yield a response which absorbs the colours and transmits them as if by magic to everything around it, creating other polychromatism akin to a fabled unreality.

There spreads ahead of you a vision of extraordinary expressive nobility. No painter, not even the most inspired, would be able to transmit to the canvas the soothing, lulling new colour which appears and disappears, raising upwards or descending below the wave, showing itself and folding, repeating ad infinitum the germinating and the demise of inebriating sensations, known to one but forever wondrous.

The wave, which does not possess the marine rhythm is drier, briefer, faster and it indulges in colours which the sun rays lavishes upon it.

If you admire it as it is being pierced by a boat, when the silvery colour bursts through like a jewellery box which spreads around its shimmering contents in tonalities up to now concealed, you will be able to sense in your soul the anxiety and sensitivity of that colour which though fleeting, will nevertheless will become imprinted in striking testimony. Even if you allow yourself to be enraptured by the wave which comes to die on the shore, beyond its rebirth and re-cladding you will be able to discover the measure of an instant colour, sibylline and scornful, exalting the chromatic scale.

Fascinating mirrors of water in which one can reflect oneself so as not to ask any questions but to feel welcome. The lakes of Lombardy are fertile ground for vegetation. The Borromeo islands appear to be a lush shop-window with gardens displaying an exceptional vegetable equilibrium in which Nature has bestowed the most mysterious talents and the leafy fascination of trees and flowers is present everywhere.

Through this, one can recognize the ideal microclimate in this vegetation.

The flourishing of rare plants and unusual flowers happens within a temperature which testifies to the mildness and yields to the needs of Nature in this part of the world.

Piona, which houses the famous Abbey, offers a spectrum of powerful sights. In the silence of this religious place, in an ode of joyful gratitude to God, the greenery reigns supreme and undisturbed. Nature, which surrounds it, bursts forth in a floral hymn under one's grateful view for a "unicum" environment outlined by sky, hills, lake and vegetation.

Wine. Oil. Agriculture at its best! The Sirmione area produces a wine which has been considered extremely prestigious, the Lugana, but on the Garda, one appreciates also the Bardolino, bearing the same name as the sunny village where the grape, also of the same name, is queen, the Soave and the Amarone produced on the neighbouring Venetian shore. Local wines, perhaps less renowned but nevertheless extremely pleasant on the Sebino, where the olive tree also grows lush. And everywhere, fertile agriculture boosted by indulgent meteorology.

The olive tree which outlines stern but welcoming landscapes, produces fragrant oil on the Garda. Light, tasty, Paradise oil. The plant, besides its normal use, remains, doubtless, the symbol of the efficiency of Benaco.

The tree's efforts - it curves, it contorts, it entangles but never retreats, reward the atavistic dedication of the growers, sharing the moment between the crushing of the olives - a sign of serenity and of life - and work, the fruit of peerless desire to love and to achieve. The mineral waters which gush from the mountain veins, especially from the Baldo, underline the natural quality of the terrain, reminding one that Nature, if properly treated, benignly gives more and better.

The aquatic birds make their nests on the lakes of Lombardy, in isolated, often quite deserted corners, amidst an uncontaminated environmental stage.

Jealous custodians of these corners, when they rise in flight, they do it silently, almost a sussurrus, leaving their shrill cries of joy for other places. They prefer that their birthplace remain a noiseless reminiscence. Then, all along the lake, ducks, ducklings, wild ducks, in interminable file or in concentric circles, move through itineraries during which they bump into seagulls describing circles, contemptuous and audacious in their nibble-and-flee flight.

Regal, haughty swans, indulge in their ablutions without heeding the spectators, and finally, the bullfinches, superb black species with a long, pointed beak, attract one's attention to these great divers on the Garda, throwing themselves down from a fantasy diving board to which they return, invariably, after regular apnoea exercises.

The seasons on the lakes. A carefree climate and colour scheme at spring-time. Feelings of freedom in summer. Extremely sweet autumns. Saddened winters. Like everywhere else, one could say. Perhaps, but the photographs of Nevio

Doz narrate the passage of seasons in a different mood, in a succession, slow and progressive of the awareness of the passing of Time for Man. The warm, vibrant colours turn to cold, dulled hues and through the Doz lenses, they levitate from warmth to ice cold, as if focused upon in an experimental laboratory.

For the population of the lakes, the seasons resemble a wide screen upon which Life's adjectives are outlined: Springtime heralding the arrival of the first tourists; the stampede of Summer with the maddin' crowd multiplied ad infinitum; Autumn, quiet and with a waning presence of foreigners and Winter, sombre with the lake slumbering and Nature no longer able to weave the magic of enchantment of the glorious seasons - unless it brings Time to a standstill.

Catullo, Virgil, Plinius the Young, Manzoni, Foscolo, Parini, Carducci, D'Annunzio, Grossi, Byron, Shelley, Stendhal, Goethe, Sereni, Chiara, Luchino Visconti. Here are some of the princes of poetry of the lakes of Lombardy. Each author has outlined and refined an idea, a space, a memory, leaving to posterity the fortune and satisfaction of delving deeper into it and interrelating with it. They have all opened new vistas for knowledge and have expressed with love the creative inspiration which stems from these places, by absorbing aesthetic inspiration but also striking and unexpected emotions.

Each poet has sung the great, sibylline, unique elegance of this environment, by leaving to the heart of Man a treasure of transfiguration.

The Garda, the Maggiore, the Como, the Lecco, the Iseo, have been contemplated in verse and in hues, in a profitable and expanded exchange between time, water, Man.

Cultures have sunk their roots into the lakes of Lombardy, absorbing moods and fragrances. The Venetian, for instance, have guided through their aristocratic presence, the fate of a large part of the Garda. The Milanese, Spanish, French have poured power onto lakes like that of Como-Lecco. The French-Piedmontese have lent style to the Lake Maggiore area. Cultures and peoples of common Italic extraction, - even though divided by diverging choices, their cultures have clashed and confronted each other and then reunited to give the Peninsula more grandeur, weaving a rapport of unwavering pride in Lombardy - the mother, the sister.

Today, these lakes can be considered a region within a region, an example of lands with differing geohistorical roots growing into a common denominator of identity and will.

The lakes of Lombardy are not merely represented by the four main lakes whose fame and dimensions have become dear to those living on them and those visiting them.

In Benaco, Sebino, Verbano and Lario - classical names - there are other lakes, minor, but equally able to arouse emotions to the heart and sight. These are the lakes of Mantua, Idro, Valvestino, Endine, Garlate, Olginate, Annone, Pusiano, Alserio, Montorfano, Segrino, Piano, Varese, Biandronno, Monate, Comabbio, Ganna, Ghirla, Lugano.

This book wishes to show its love for these lakes, to embrace them all, without distinction.

Nevio Doz - the superb, refined wizard of the photographic lens, expresses, through three years of wide-spread itineraries, the search for the "soul" and the "unique aspects" of each lacustrine ramification, imprinting upon the film, the exquisite view of these "Lombard themes", of these stretches of water underlining the key to their spirit, style, poetry and reality even to those, like the misinformed man at the beginning of the book, whose knowledge of the lakes is almost non-existent or not deep enough.

"Grafica & Arte" in Bergamo, a publishing company which is profoundly enamoured and committed to the land of Lombardy, rightfully and masterfully adds its expert graphic-editorial touch to the beauty of the lakes.

Through this text and my fantasy, I would like to underline and synthesize the work of the photographer and of the editor and particularly, to suggest places that capture one's attention and interest. To be enamoured of the Lakes of Lombardy is rather like loving one's own breathing, because for as long as they will remain healthy lungs, Lombardy will benefit equally through the respect bestowed upon the lacustrine Nature and the entire environment.

le fotografie

the photographs

Incanto e melodia

Quelle acque profondamente azzurre che si specchiano nelle rive trapuntate di villaggi e di rocche vigilanti o si confondono con le punte dei monti che si protendono e bordeggiano, invitano a trasalimenti opposti: il senso, religioso, della pace e il peso, panico, del frastuono. Il lago, amato da chi predilige la quiete del soave sciabordìo delle acque, è anche luogo scelto dalle pattuglie motorizzate del turismo chiassoso. Dal che il doppio posizionarsi del Garda, fra il fruscìo impercettibile di una barca a vela o di un surf e il rumore assordante di un motoscafo che viaggia senza meta di riposo. Catullo - il grande poeta latino - si era rifugiato nella Villa di Sirmione, attratto dalla solitudine dell'ambiente, irraggiungibile nei viaggi avventurosi in Bitinia: nella Villa, testimone plurisecolare di una temperie di quiete, proclamò i valori imperturbabili della poesia fonte di pace. Come fece Ezra Pound nei suoi canti feriti da lacerazione interiore, quasi soffocati dalla dolcezza del lago. E Carducci, aspro nel linguaggio, ma avvinto dalla sinfonia rasserenante dei luoghi; e Stendhal itinerante nella ricerca di un approdo interiore. Oggi, mentre cantori contemporanei - Mario Arduino in lingua e Franca Grisoni in vernacolo - tramandano l'elegia tenera del Garda rimarcando la felicità di un mondo che teme vicina la sconfitta della intimità, il lago sembra aggrovigliarsi fra giovinezza (eterna) di colori (distensivi) e rotta consumistica verso i grandi numeri della vacanza. Riemergono le memorie di inizio secolo, quando la mescolanza fra villeggiatura e cura della salute si svolgeva nel rispetto di bellezze irripetibili (che sgusciano sotto l'occhio ad ogni cambiar di prua) e della melodia di luoghi incantati e solinghi. Il paesaggio è "illuminato" da graziose piante di ulivo che, scomposte e sinuose, richiamano scenari di raccolta eleganza, come dal colle di San Pietro in Mavino, al suono di una campana che tutti raduna al tramonto. Il palcoscenico che si prospetta dal Vittoriale ha il nitore della poesia solenne e malinconica: Gardone e Salò appaiono angoli di serena compostezza, da Limone si gode il pulsare del tempo che pare essersi fermato fra le scogliere, Padenghe e Tignale esaltano la natura amica, Desenzano spumeggia nelle movenze di una civiltà architettonica che mutua le esperienze lacustri. E poi, Sirmione, stella estrema, occhio materno del Garda, dove la liturgia della giornata è scandita dal gorgheggio di legioni di uccellini e dal modificarsi sapiente di colori e di trasparenze, mentre il lago si annida calmo, lasciandosi cullare sulle rive dalle onde che, quasi silenziose, riscoprono il tintinnio del suono lieve. È gusto che strega e racconta, in leggiadra modulazione fra sogno e memoria, dove ogni attimo di vita sembra sospeso in un universo idealizzato, eppure tanto vicino all'uomo. Barche, motonavi, canotti solcano lo specchio del Benaco come a raccogliere il respiro lungo delle acque, di notte e di giorno: i fiori colorano atmosfere inedite, il succedersi sulle sponde di nidiate di uccelli acquatici immette una presenza quasi marina, le rive paiono allontanarsi anziché toccarsi o riprendersi a breve tratto di sguardo: tutto si trasfigura, in un incantesimo che allontana rumori e negatività. Si spalanca lo spazio solo per la poesia, delicata e ninnante Musa. Dai merli del Castello di Sirmione - come da Punta Staffalo, irta ed impervia - si estende l'invito ad amare questi luoghi scelti da un dio propizio con i fedeli... Da lontano, a sud, le acque lente e dense del lago di Mantova risuonano di echi festosi, come il tributo di gioia di un vassallo al feudatario, a quel Benaco che, lassù, nel bresciano a cavallo con il Veneto e il Trentino, si specchia nei giardini del paradiso.

Lago di Garda

Benaco

Laghi di Mantova

Didascalie alla fine delle fotografie
Captions at the end of the photographs

32

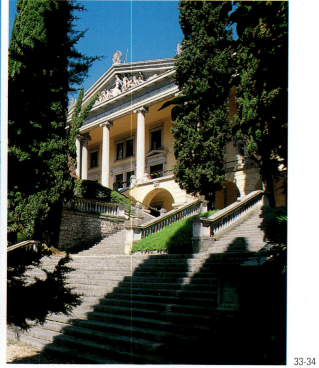
33-34

36

35 37

38

39

40

41

51

52

53

60

61

Emozioni folgoranti

Lago d'Iseo

Sebino

Lago d'Endine
Lago d'Idro
Lago di Valvestino

La voce più autorevole del lago d'Iseo proviene dalle baie in mezzo alle quali il sole, filtrando, produce giochi di luce e composizioni che riecheggiano le emozioni folgoranti di un dipinto di Segantini. Il paesaggio sembra rammollirsi, come... un gatto che si "bagna" al meriggio più infuocato; in effetti il sole disegna simboli sorprendenti, indora e modifica i punti di vista, descrive arabeschi di roccia o cantalenanti sinfonie di colori, matura la flora, sbuca e risbuca pronto a traforare un tessuto immacolato ma non uniforme, qua e là punteggiato di smagliature. Penetrando, gioca a rimpiattino con la natura, anima i sentieri sulle rive, abbozza le linee sghembe dell'isolotto centrale, rimodella l'ambiente nello sprigionarsi di luci a volte intense a volte evanescenti a volte appena accennate. Insomma, un mondo ritagliato dagli sguardi del sole, incapace di staccarsene come il neonato dal latte materno. I pali di attracco - sulla sponda bergamasca di Sarnico o quelli, sperduti, sulla riva bresciana di Paratico e di Pisogne - più che fungere da approdo, si ergono nell'acqua a condividerne la poesia, che più malinconica non potrebbe. Non si avvertono né artifici né richiami "costruiti", il lago è spettacolo perenne di misterioso ripiegamento della natura. La quale è di beneaugurante cordialità, come in una casa di ridotte dimensioni, dove ogni stanza è il regno incantato di una storia ancora sconosciuta. L'Iseo si situa con queste peculiarità, piccolo bacino offerto allo sguardo della riscoperta. Osservatelo da Sulzano, tra i filari della vite che si allineano nelle scarpate discendenti; là sotto, le acque suonano cadenze mozartiane, che tuttavia non pretendono finali da apoteosi: sottolineano con semplicità l'armonia della scala cromatica di Montisola, che si erge sorniona e guardinga a centro bacino. Laddove il mistero si appropria di connotazioni originali, si ragguaglia la misura dell'Iseo; angoli modesti ma fotograficamente eccellenti, privi di pretese esteriori, capaci di dare via libera ai sogni, come ad un territorio dello spirito nel quale meglio si confrontano visioni e partecipazioni. La modestia del Sebino - acquattato fra la terra di due province - sta in questa sensibilità, nel non esagerare mai: tutto è pulito, ordinato, selezionato, si direbbe che il lago abbia cercato il maestro-fotografo senza darsi da fare, trovandolo in Nevio Doz, come colui che - nelle immagini - non cerca la maestosità, bensì preferisce il linguaggio della domesticità, con un pizzico di senso del mistero. Anche i tramonti - romantica essenzialità del lago - assumono, nell'Iseo, la dolcezza di un appuntamento consueto con l'occhio, non un trascinante contenitore di luminosità aggressive. Il lago si fa ancor più ristretto, appena il necessario per vivere la sua dimensione. I dintorni rivelano il medesimo buon gusto: una torretta che si libra tra le acque, un grande cavallo-scultura che si impenna da Pisogne, gli arabeschi dei "belvedere" in stile liberty, chiese e cappelle umili e quasi scontrose, e tuttavia colme di cose d'arte e di preziosità ignorate. Il Sebino è anche questo: esposto alla mutevolezza del tempo e alle gioie interiori di chi lo frequenta. Sono atmosfere che appartengono in parte a luoghi analoghi, solcati da laghi modesti eppure non trascurabili: quello di Endine, che pare inghiottito dentro una grande cava filiforme e che, dalla sponda di San Felice o di Monasterolo del Castello, riecheggia, in umiltà, l'armonia di ambienti incantevoli; di Valvestino e di Idro, entrambi in provincia di Brescia, che si rivelano all'improvviso all'occhio del visitatore, in mezzo a paesaggi che appaiono dimessi. Tutti insieme - con il Sebino - costituiscono una sorta di simpatica repubblica... dei piccoli, verso i quali - anche per il senso di miniatura che prospettano - l'attenzione è quella di un amore tenue, come si ha verso quel che è bello ma non appare tale.

80

81

82

87
88
89
90 ▷

111

112
114

115

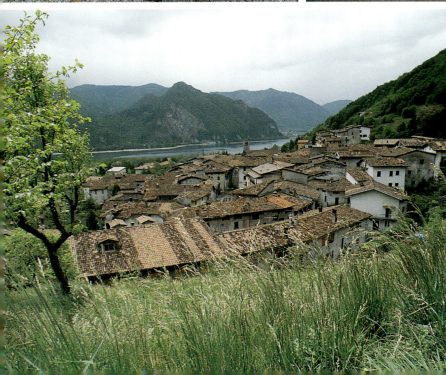

Poesia e luce

Se ci si sofferma a ripensare l'immagine di un lago, il più "gettonato", sotto il profilo della conoscenza, è quello di Como e Lecco. Lo è soprattutto grazie a "quel ramo del lago di Como che...", del quale tutti - anche vagamente - sappiamo, dal giorno in cui Alessandro Manzoni ne ha immortalato - in un riscontro letterario di elevato stilema espressivo - la raffigurazione geo-fisica-umana ne "I Promessi Sposi". Il Lario - che coinvolge l'omologo di Lecco - si prospetta dunque come territorio esaltato da fama letteraria; il che incuriosisce e inorgoglisce, in un'epoca nella quale il cimento è solitamente riservato... alla dote di denaro, più che ad epigoni dello spirito. Orbene, del Lario nell'immaginario collettivo, restano soprattutto le immagini di un lago sormontato e chiuso dalle creste del Resegone, di una Lucia Mondella innamorata e perseguitata, di angoli suggestivi - insenature e paesi - che soltanto la scrittura e la qualità espositiva di Manzoni hanno potuto incapsulare definitivamente nella memoria comune. Qui spicca il linguaggio - altrove inespresso o poco chiaro - di una bellezza rarefatta e raffinata, come di un elegante abito di alta moda. Il clima è molto meno caldo, minore è la distanza fra le rive, costante l'imbattersi non tanto in territori che si rincorrono fra monte e piano, quanto in un'area geografica solidamente piantata su zone impervie, perlopiù collinari, montuose nell'alto lago; e poi l'innumerevole quantità di paesi a picco sull'acqua, connubio selvaggio fra natura e vita. Anche visivamente il quadro è di quelli che lusingano, per l'originalità dell'ambiente e la fragilità delle sponde, mai eguali, sempre frastagliate o ricoperte di folta vegetazione, spesso instabili. Da Cernobbio ad Argegno, da Tremezzo a Menaggio, a Dongo sulla litoranea occidentale, da Bellagio - penisola ridente in armonioso equilibrio fra ieri e oggi - a Varenna - gioiello minuscolo di stupore classicheggiante -, a Dervio, a Piona - dove vigila un'Abbazia prestigiosa, nascosta, perla unica, nella cintura degli alberi che si inchinano in gioia fraterna verso le sottostanti acque -, a Bellano, a Colico - cittadina aristocratica che cinge il lago come il diadema incastonato in un aureo inserto di luci - è un rincorrersi di sensazioni e di avventure dello spirito. E se Gravedona propone l'altera e intatta cultura di un tempio millenario seminascosto, Cadenabbia mostra le austere sedi del suo blasone internazionale. I paesaggi, formati dal vento, sono minuscoli ceselli fissati nella nudità del verde. E se i villaggi a lago esprimono dolcezza di fraseggio, quelli a monte, incrodati fra rocce e sempiterni alberi, racchiudono scrigni inesplorati, come Corenno Plinio, sul quale aleggia lo spirito di una dea benigna. Nevio Doz scatta immagini vibranti e fresche, con l'occhio dello spettatore stupito: come la visione di Cernobbio, con l'imbarcazione solitaria che veleggia; e poi le motonavi e i traghetti che si alternano nel servizio tra le sponde, le stupende ville aristocratiche che occhieggiano; o, nelle zone dell'alto lago, la vista panoramica dal monte Legnoncino, e tanti altri angoli sperduti e nondimeno amati; nonché la tipicità dei luoghi di lavoro lariano, la cucina, l'artigianato, le ricchezze di un'area amica. È un lago festoso ed aspro, delicato e limpido soprattutto nel concatenarsi dei monti che si disegnano come per volontà di un pittore che raduni le vette indistinte; un Lario-spettacolo che tuttavia predilige i toni bassi, mai da "vedette". Attorno, si agitano altri piccoli specchi - di Garlate, di Olginate, di Annone, di Pusiano, di Alserio, di Montorfano, del Segrino, di Piano - che pulsano lievemente, quasi in punta di piedi, desiderosi di sfuggire alle orme dell'uomo, più che di esserne toccati: laghi modesti che tramandano, nella severità dei luoghi, la gioia di cantare ogni giorno la lode più bella al Creatore. E di sentirsi ripagati dalle attenzioni di coloro che li apprezzano per la loro umiltà grande.

Lago di Como

Lario

Lago di Lecco
Lago di Garlate
Lago di Olginate
Lago di Annone
Lago di Pusiano
Lago di Alserio
Lago di Montorfano
Lago del Segrino
Lago di Piano

127

130

128

129

131

133

134

135

136

140

137-138

139 141

146

147

148

149

150

151

157

158

159

174

176-177

178

175 179-180

Armonia e colori

Da Sesto Calende e dalla Rocca di Angera alle Isole Borromee, da Arona a Stresa, ad Intra e Verbania, a Luino fino al confine con il territorio di Locarno, il Lago Maggiore percorre un tragitto italo-svizzero che qualifica la internazionalità di queste acque, le sole, che, in Lombardia, possono manifestare presenza non solo nazionale. Anche per questo il "pedigree" del Maggiore è giustamente blasonato e sbandierato come preminente nei confronti. Che la rivalità fra quest'area - opulenta per spazi, rive, numero di località, di abitanti e di attività imprenditoriali - e le restanti analoghe si rinnovi come motivo polemico, non inficia il discorso sul senso di regalità che il Maggiore propone, con una punta di orgoglio aristocratico. Su questo scenario si sono intrecciate leggende e storie appassionate e sono scivolate le armonie poetiche di cantori autorevoli (Byron e Goethe per tutti, ma anche Vittorio Sereni e Piero Chiara in tempi recenti). Le acque si mescolano ai voli di sogno, lo spettacolo è suggestivo nelle atmosfere che si equilibrano con le tonalità delle rive. Albe e tramonti segnano il trionfo del colore. Se da Stresa osservi il lago nella notte d'estate e spingi lo sguardo oltre l'Isola dei Pescatori, avverti il tumulto - sussurrante - di sensazioni policrome, nelle gradazioni più inaspettate dell'azzurro, qua e là lambito dal colpo di fioretto di una barca che riemerge d'un tratto al lume della lampara: l'orizzonte s'imperla come in un sudario trasfigurato di luci. Sono luminosità vibratili, tremule e chete, che vanno a schiudersi, mai a scontrarsi, con le rive ricamate di barbagli e di chiarori repentini. Se Arona guarda ad Angera come sentinella che vigila, e Baveno fa da scolta stregata all'imperialità sonnolenta di Stresa tra imponenti strutture alberghiere e ritagli di sontuose dimore, la Rocca di Angera è il simbolo di un'evasione nel cullarsi delle barche a vela che dondolano alla brezza. Se ricerchi serenità, e vuoi ascoltarla nell'intimo, basta che ti diriga verso Brebbia - dove il lago ti rapisce nelle tonalità di un canto melodico - oppure a Santa Caterina del Sasso, miniatura che si dilata all'immensità dello spazio. E i tramonti? Se apparentemente richiamano gli squarci tragici della "Tempesta" di Shakespeare, si mitigano allo scoprirsi di un cielo nubulosamente opulento, intrecciato - in un raccordo d'atmosfera - alla schiuma dolce dell'acqua. Ovunque vorresti tuffarti nelle rimembranze evocative, nelle quali il valore del Bello si evidenzia come normalità, sulla spinta di un eremo corrucciato ma liberatorio di bellezza. Eppure - al di là dei ricordi più diafani e sfuggenti - il Maggiore, con i suoi squarci marini, parrebbe donare la sensazione di luogo indifeso: invece è presidio di intatta sovranità, prediletto dai poeti, cantato dai musici e osannato dagli uomini comuni. Insomma, tutto è autentico, anche se reminiscenze di mito stentano a stemperarsi nella dimenticanza. Caro, antico Lago Maggiore, anche tu "offeso" da legioni di irrispettosi, ma per fortuna accolto da moltitudini che persino temono di concederti confidenza eccessiva... Caro amico Verbano, ricco e festoso quanto sfuggente: tutto è regola e meraviglia nelle tue baie, ogni angolo è luce che si riverbera sulla sponda opposta. Altri soggiorni vicini si appostano a ricevere il visitatore: il lago di Varese con l'Isolino Virginia, nelle gradazioni inconsuete dei colori; di Monate, tra graziose ville che increspano le colline; di Comabbio, fra selve di erbe selvatiche dove nidificano torme di uccelli e ritrovi la dimensione dell'estraneità; e di Porto Ceresio e Ghirla, esempi di lacualità elvetica, ma pur sempre nello stile lombardo. Tutto scorre nel segno dell'armonia, con le acque quiete (eppure insofferenti) del Maggiore che consentono la riscoperta della condivisione alla vita, con gli altri: lasciarsi cullare come un bimbo al suono della rapsodia delle acque, è un po' come ritrovare le insenature del Lago quali madri premurose. Il Maggiore - pur tanto vasto - è maternamente confidenziale.

Lago Maggiore
Verbano

Lago di Varese
Lago di Biandronno
Lago di Monate
Lago di Comabbio
Lago di Ganna
Lago di Ghirla
Lago di Lugano

208

209

233

234

239

240-241

242

189 Il gabbiano sul palo del molo di Varenna, nel tramonto imperlato dal sorriso del sole che muore, in un muoversi d'acque senza azzurro: tutto si modifica, in attesa che Varenna ricompaia, più dolce che mai, domani, quando albeggerà.

190 Angera, uno dei centri più "in" del lago Maggiore: eccolo incorniciato, da un balcone della Rocca, da dove si gode un panorama invidiabile.

191 Un'immagine tipica: canneti sulla riva, sferzati dalla brezza in un lago trapuntato di chiaroscuri pre-notturni.

192
193 Due laghi a confronto: quello di Varese (192), modesto eppure ricco di fragranti colori-"frumento" e la malinconia del Maggiore (193), tra gli ultimi barbagli di sole e il calare della notte.

194 Lago di Varese, lago delle rimembranze, uno dei sette che solcano il territorio provinciale, il più noto e il più frequentato: case e chiese occhieggiano, rimirandosi nelle acque.

195 Le imbarcazioni sulla riva di Caldé, nel tramonto, profilano l'immagine di una sosta capace di ritemprare lo spirito.

196 Schiranna (Varese), cinque barche, una poesia sola, un platano in germoglio, la linea del lago che si conclude, un'acqua cheta, che stenta a muoversi nel silenzio dell'ambiente.

197
205 La Rocca di Angera, luogo di scolte armate, di ricordi pugnaci, di ordine e di fortezza, ma anche cimelio di storia, tra lago e massicce forme architettoniche.
Nella successione delle immagini, si incontrano gli ambienti che restano a memoria di un passato aristocratico, con interni che raccontano l'eredità preziosa del tempo: tele e affreschi del XII e XIII secolo che rappresentano lo sfarzo e lo stile di un'epoca fastosa, il particolare di un mobile del '600, la cantina con il torchio del '700, la stanza con il letto di San Carlo Borromeo, testimonianze di un mondo che continua a meravigliare.

206
209 Mentre la Rocca di Angera si erge, troneggiante, sul punto più elevato del roccioso scoscendimento, le barche a vela paiono divertirsi in un valzer rimarcato dalla musicalità delle onde. Così si completa il rapporto, raffinato, fra la Rocca - osservatorio di lacustre imperiosità - e il territorio delle acque.

210
215 Il santuario più... a rischio del mondo può considerarsi questo di Santa Caterina del Sasso (Varese): a picco sulla roccia e sul lago, propone una passeggiata amena dal punto di vista paesaggistico, ed anche stimolante sul piano artistico, permettendo di ammirare affreschi deliziosi e di soffermarsi a guardare giù, in una vertigine di stupori.

216
218 Le prospettive sul Maggiore sono audaci: con vista verso Brebbia, e l'albero tortuoso che si accartoccia per lasciare spazio visivo al lago (216); l'angolo "berceau" di Santa Caterina del Sasso (217), e il pescatore solitario (218), che sperimenta la gioia del riscoprirsi attore in una natura che lusinga.

219
226 Idee, rapide, di una vacanza sul Maggiore: il contatto con le diverse "verità" meteorologiche e gli spostamenti d'orario è evidente se rapportato alla limpidezza di un vedere, dentro uno scenario di mirabile proporzione. Da Caldé (220) a Laveno (226), dalle isolette verso Brebbia (225), ad Angera (224) è un caleidoscopio. A sinistra rispetto al lago di Varese, si profila quello di Biandronno (223), tra canneti e vegetazione, luogo riservato, sogno di maliconica rivisitazione.
Uno dei laghi varesini è il lago di Ganna (222), ubicato in zona attigua a quello di Ghirla: l'ambiente è bucolico, pastorale, da campagna rasserenante; il lago promuove il raddoppio delle memorie.

227
229 Sensazioni di sforzo dei canottieri e canto primaverile al tripudio della natura: i canottieri a Schiranna e la Rocca di Angera, vista da Arona, aprono il cuore ad emozioni che non si possono mascherare.

230
232 La natura genera scherzi ed effetti ottici che nemmeno il fotografo più attento riesce a catturare: ma ecco tre "stadi" di questa natura quieta e sonnolenta, nella palude Brabbia di Inarzo, in provincia di Varese. Le acque ospitano l'armonia del creato e chiedono di non essere disturbate.

233
234 Eccoci all'Isolino Virginia, angolo remoto e pressoché dimenticato dal turista d'assalto che, se desideroso di osservare, può tuttavia raggiungere i "Giazer" di Cazzago, singolari ghiacciaie del XVII secolo, che ricordano Alberobello.

235
236 Il dolce specchio del lago di Ghirla (235) e, al limite della frontiera, l'approdo di porto Ceresio (236) sul lago di Lugano, dove si incontrano due culture, ma domina quella cara a Piero Chiara.

237 Navigare a vela sul lago di Varese è uno sport gradito, anche e soprattutto librarsi nel dolce cullare delle onde, in una trasognata visione fra verde e azzurro.

238 Un battello, due vele, un lago placido, una linea di orizzonte di intensa cromìa: eccoci ad Angera, nel cuore pulsante del "Maggiore", a contatto con una natura prodiga di emozioni visive.

239
242 Altri due piccoli laghi concorrono a dare spazio ai grandi bacini di Lombardia: il lago di Comabbio (239 e 241), dove la presenza dei canneti è particolarmente evidente e il lago di Monate (240 e 242), compendio di una misura e di un equilibrio propri di luoghi solcati da acque chiare e dolci.

Tutte le didascalie "raccontate" e riferite ai mille luoghi dei Laghi di Lombardia sono anch'esse opera dell'autore dei testi: Amanzio Possenti.

1 La magnificenza del lago si spalanca in totalità, nello squarcio del tratto nord del Garda, verso Limone, in prossimità della zona Bivio Tignale, uno degli angoli più incantevoli, poesia di colori.

2 Sirmione, perla fra le perle: all'alba con
4 quei cigni che si... fanno toilette, tutto sembra fatato. La zona della darsena della Rocca scaligera si ammanta di bellezza, così come il minuscolo giardino dietro la parrocchiale dona un tocco di magìa fra mistero e splendore.

5 Tre squarci di una Sirmione indimentica-
7 bile, che vive nel cuore dei turisti che la affollano: dal castello la visione sui colori di un gruppo di case, e poi, nella villa romana che fu abitata dall'immortale Catullo, gli spaccati di un ceruleo mondo che sembra riemergere, intatto nelle cromìe, dai tempi di Roma repubblicana.

8 Raccolta e distesa ad un tempo, fra i tetti policromi, il verdeggiante spiazzo di natura rispettosa e il caricarsi di colori delle acque del lago, Sirmione si profila maestosa e amica, penisola abitata da fiabeschi protagonisti.

9 Sirmione, un battello che traversa il la-
11 go, una barca a motore che attende il turno di un trasporto, un pittore che dipinge le sensazioni dell'ambiente e il castello che svetta fra merli massicci e torri slanciate, governando acque, imbarcazioni, gitanti e paesaggio.

12 Sirmione: le grotte di Catullo, attrazione che sfida il tempo, scolta murata - ed indistruttibile - di un territorio baciato da una dea.

13 C'è più azzurro nel cielo di Sirmione, di quanto se ne trovi... in quello di Lombardia, per altro "così bello": su quello sfondo rilucono case, alberi, barche, gitanti sul ponte levatoio. Tutto si fa ammirazione.

14 Sirmione regale: un angolo di paradiso fra lo sciabordìo delle acque e il velo di una striscia di terra, laggiù, dove finisce il mistero della penisola.

15 Desenzano, la nobile: c'è un che di dolce
18 rimembranza di fronte a questi spettacoli naturali; il porto sembra animarsi di una sensibilità nuova, quasi magica, come è un po' l'apparizione della cittadina per chi la osserva dal castello.

19 Ritagliata nello spazio di un dipinto, De-
20 senzano mostra le sue grazie nel lindore del centro e nella musicalità della architettura.

21 Salò, la fantasmagorìa: i bambini che ten-
22 tano la pesca sullo sfondo di una sera che cala sul borgo e le luci che inframezzano il tepore dolce delle acque, delineano memorie di un luogo senza tempo. Se non si sapesse che quella è Salò, potremmo ritrovarci nell'incanto di un ambiente sospeso...

23 Tre colori delle acque, proposte da Salò:
25 il meriggio decadente che sublima il giro in barca (23), le sculture nel porto San Felice (24), che paiono "aggredire" l'acqua mossa e azzurra e il concludersi del giorno, quando la fatica del "navigatore" si fa più pesante (25).

26 Quadricromia su Gardone, patria di
29 D'Annunzio, sede del Vittoriale, testimonianza di un "luogo forte" che vibra alla memoria del poeta: tra il Vittoriale, la chiesa e una grande villa, è un lussureggiare di natura prorompente.

30 Due visioni incantevoli di Gardone e di
31 Gargnano, sul lungolago: la torre di San Marco, sulla sinistra, con l'attracco del "mas" di Gabriele D'Annunzio; sotto, villa Feltrinelli, già residenza pubblica di Benito Mussolini, aggregazione di stimoli architettonici fra i più originali.

32 Angoli e prospettive di Gardone: la zona
35 del lungolago, la torre di San Marco, villa Alba sulla riviera, una panoramica d'assieme, fra verde e azzurrino.

36 L'architettura è preziosità sul Garda: a
37 Bogliaco, villa Bettoni (sec. XVIII), vista dal lago con il giardino interno caratterizzato da vivacissimi colori, testimonianza di un'idea abitativa di signorilità principesca.

38 Visioni di stupore: Tremosine, un filtro di
41 memorie abbandonate e recuperate (38); il percorso della Gardesana fra dirupi, vegetazione, inizi di tunnel e paesaggio degradante (39); Gargnano, borgo di antica presenza, sentinella del lago (40); Maderno, asserragliato sulla sponda come un gruppo che non vuol rinunciare a vivere dentro spazi stretti ma inebrianti (41).

42 Bogliaco, dice la scritta semplicissima sul pontile: il ragazzino seduto... a rischio, con la lenza a portata di mano, annuncia la gioia di confondersi... quasi con le acque.

43 Quando gli ulivi e i pini si elevano e si "abbracciano" in un'ideale convivenza, è segno che in questo luogo i colori attestano soprattutto armonia: come appunto la straordinaria "zoomata" sul Vittoriale di Gardone, fra luminosità decrescenti e angoli assolati ed irripetibili.

44 Ecco Limone: poesia semplice, sponta-
45 nea, quasi popolaresca, nel fraseggio di una fantasia senza fine.

46 Si moltiplicano le prospettive, ed ognu-
50 na dà risposte diverse: Limone è la lirica che si incanta prima di stupire, e tutto, nel pulviscolo del suo raggio, diventa eccezione e curiosità, dal porticciolo vecchio al "vicolo Salute", dallo stendersi delle abitazioni sopra il lago, al pescatore che completa il lavoro, al battello che, anziché sfuggire, sembra rifugiarsi nel silenzio.

51 Fiori che "esplodono" nella raggera del
53 sogno infinito: a Gardone (51), sormontati dal fusto di un vecchio albero; a Limone (52), in armonia con la sosta lieta di due giovani sposi con il bimbo in carrozzella; a Gargnano (53), dove la barca ospita un "saggio" di floricoltura.

54 Limone, tenero virgulto immoto di fron-
55 te al cielo che minaccia da lontano un temporale e si proietta, come spiaggia del Sudamerica, davanti alle acque semiargentate e al chiarore della neve che evoca l'arrivo prossimo dell'inverno.

56 Fiori di loto, a Mantova, nel lago Supe-
59 riore: di prudente bellezza, sbocciano quasi nascosti, non per "vergognarsi" della loro condizione, bensì per proclamarla agli occhi di quanti sanno apprezzare valori assoluti.

60 I laghi Inferiore e Superiore di Mantova:
61 l'attracco e il santuario delle Grazie, un rincorrersi di sensazioni rasserenanti.

62 Il lago Inferiore di Mantova: ambiente pacato, severo, accompagna il ritmo degli edifici della città.

63 Il lago di Mezzo di Mantova: l'albero e la barca sembrano allungare ulteriormente la profondità, mentre la linea di "chiusura", laggiù, richiama la realtà di un piccolo bacino, tuttavia risplendente di gusto semplice.

64 Un palo d'attracco, un altro di fondazione del molo, un paio di uccelli acquatici, il lago che sprofonda a vista d'occhio sino ad essere chiuso dal percorso dei monti: questo è l'Iseo, visto dalla sponda bergamasca di Sarnico.

65 Crociere sul lago d'Iseo, diverse per tipo-
69 logia e luoghi; dall'alto, un pescatore in azione davanti all'abitato di Paratico (65), un altro cerca pesce fra i canneti attigui alla riva di Sarnico (66), lo "spazzino" del lago pulisce l'acqua dai rifiuti davanti a Predore (67), infine due battelli in navigazione, in prossimità di Iseo e di Predore, in zone di pace rassicurante (68 e 69).

70 Presenta spiccate sensibilità espressive villa Giuseppe Faccanoni (1907), prospiciente il lago, nel territorio di Sarnico, progettata da Giuseppe Sommaruga. L'ambiente e l'architettura si condividono. Man mano ci si avvicina, si scopre che l'edificio è tutt'uno con la pacatezza del lago.

71 A sinistra, villa Luigi Faccanoni (1912),
74 su progetto del Sommaruga, una delle migliori interpretazioni dello stile floreale (71). Tre prospettive di taglio paesistico, tre limiti di comprensione del territorio iseano, con le masse sceniche organizzate in modo compatto: Clusane (72), patria rinomata della tinca; la simmetria di Predore (73), con la torre Foresti sulla destra; l'ascesa di Tavernola Bergamasca (74), con il succedere e il crescere dei piani di "racconto" urbanistico.

75 Lo scafo, che sembra uno sbuffo candido nell'azzurro intenso del lago, fa da contraltare agli "sbuffi" degli ulivi e dell'alberatura, dietro i quali si nasconde l'abitato di Tavernola; sopra di esso domina no la torre civica e la cupola della chiesa parrocchiale.

76 Si può vivere in tanti modi il sogno di I-
79 caro: oggi accade ai deltaplanisti di sognare il volo; ed eccoli - in un arabesco di colori - librarsi sopra l'Iseo, stendere lo "strumento" prima di cominciare il lancio sopra le acque, nella libertà del volo guidato dal vento.

80 Tutto è misura su questo specchio d'ac-
82 qua, solcato da un battello, da una canoa, da una vela: il ritaglio di Iseo è fondale ad una storia senza trama.

83 Al porto, nella piazzetta, oppure sul lun-
85 golago, Iseo è la stessa: aperta al turista e liberamente affascinante.

86 Tanti modi per osservare e amare Monti-
90 sola, straordinario promontorio che si erge nel mezzo dell'Iseo ed è dominato dai resti di un antico castello.
Luogo fascinoso per camminate e visite, percorrendo il quale a piedi o in bicicletta, pare di introdursi in un mondo senza tempo, Montisola richiama il turista per la spontaneità del mostrarsi e per la qualità del raggrupparsi compatto di fronte all'acqua. Se poi la guardi dai campi coltivati a vite sulla sponda bresciana, e la ritrovi come una sorta di... vulcano abbandonato, allora il "rapimento" che ti prende è più intenso, segnale di una poesia che - fra tante naturalità - avvince per non lasciarti.

91 Tre luoghi appartati, idee-simbolo del la-
93 go d'Iseo: dove la prua del motoscafo punta verso l'alto lago, si delinea l'isola di San Paolo; l'altra isoletta che si profila con il castello merlato è quella di Loreto; infine Zù, angolo di paradiso sulla sponda bergamasca fra Tavernola e Riva, con la piscina che si contrappone... al lago.

94 Quando il sole sorge e tramonta, lo spet-
96 tacolo si esalta; ed ogni silenzio, già acuto, si fa più morbido e amico.

97 Le immagini si rivelano ricche di sorpre-
99 se sul lago: la torretta-vertigine di Vello (97); la grande scultura che, a Pisogne, affronta il gusto dell'ignoto (98); le barche che si cullano nel porticciolo di Iseo richiamano il lievitare dell'onda (99).

100 Da Sulzano (100) come da Lovere (101),
106 due messaggi da un ambiente che suscita emozioni. La torre eretta (102) sembra dare di Lovere la dimensione di un forte che si contrappone ad ogni tentativo di violazione.
Il lago con la vela del surf, coinvolge dentro la serenità dell'onda. Quando Lovere si stende tutta (103), il gomitolo delle sue case di riva si stempera fra i colori di una primavera inoltrata, nell'incertezza della luce del lago. I bar e il monumento in piazza (104-105-106), con l'ippogrifo che emette acqua, sono aspetti lieti di condivisione gioiosa.

107 Due momenti nella vita di Lovere, nel ri-
108 poso delle fatiche e nel recupero dei valori storico-artistici: frate Severo Bettoni, nel convento sul colle di San Maurizio, legge, nel ritaglio della quiete, il breviario; il museo-galleria-accademia Tadini prolunga la prospettiva di cultura verso il lago. Anche questo è Lovere.

109 Eccoci davanti ad un piccolo lago, di En-
110 dine, minuscolo gioiello, con i suoi squarci repentini: Bianzano (109), sul quale troneggia un castello avito, sede di tanta storia e San Felice (110) che, ridente, osserva la controsponda verdeggiante, deliziandosi nello specchio lacuale.

111 Le bellezze si disegnano non solo davan-
116 ti ai grandi paesaggi, emergono ancor più di fronte ai luoghi raccolti, un po' lontani: come l'immagine, dolcissima, di San Felice al lago (111), perla del lago d'Endine, e quella - di sapore ottocentesco - di Endine (115), capoluogo del territorio.
Nel mezzo, la natura e il suo rispetto: l'anatra con gli anatroccoli stretti stretti, il cigno che si sta ripulendo e un cartello che invita a "non schiacciare i rospi"; in certe stagioni, questi animali, uscendo dalle tane del lago e attraversando la statale, si imbattono nelle automobili in transito e rischiano di esserne travolti. I rospi, ovvero i "bufo-bufo", nomignolo delizioso che li espone alla benevolenza degli uomini. Infine, quasi per intero, il lago di Endine (116), nella vista che se ne ha da Ranzanico, posto sull'alto: il lago delinea tanti spazi inediti, quali fiordi del Nord.

117 Uno dei laghi più curiosi, in Lombardia,
123 è certamente quello di Idro, in provincia di Brescia: modesto, tuttavia evocatore di poesia, nonché di testimonianze, di pietra o di stemmi murati o di "viottoli" adduttori.
Soprattutto, ecco Anfo (120-122-123), paese antico e umile, che si specchia sulle onde, quasi di soppiatto.

124 Valvestino: un lago che pare immobile,
125 incassato fra le sponde erbose del monte. Un lago apparentemente senza storia, nella provincia bresciana, eppure, risplendente di toni e di umori nel contrappasso con il verde circostante.

126 La poesia del lago di Como e di Lecco emerge nitida da questa prima immagine: riva a confronto serrato con l'onda, casupole pressoché eguali, tetti della medesima argilla, fronte verde ad accompagnare i ritmi dei luoghi, e un lago da amare, bello e silenzioso, che sembra quasi sfuggire via.
È Brienno sulla sponda comasca del lago, tra Cernobbio e Argegno, lungo la strada Regina, a dare il benvenuto.

127 Lavori sul lago aggiungono curiosità al-
129 l'ambiente: l'installazione delle reti per il contenimento delle frane con l'appoggio di un elicottero che consente all'operatore di muoversi come un acrobata; per il restauro della cupola del Duomo di Como, gli operai imbragati quasi stanno compiendo... un'ascensione alpina.

130 Mentre Como, con il lago che la lambi-
131 sce e il territorio illuminato da strisce di luci evanescenti, compresa la linea della funicolare ardita che sale a Brunate, si calma nella sera incombente, gli specchi di Garlate e Olginate, trapuntati da miriadi di borghi e di case, segnalano che questo è l'ultimo lago... possibile - da ammirare - nella direzione della grande Milano. Poi, saranno soltanto industria e strade, i laghi solo un ricordo.

132 Il lago è solcato da grandi ville, alcune storiche di alto valore: ecco villa d'Este a Cernobbio, sede di incontri internazionali e d'alto profilo. La "lancia di lago", in primo piano, è una barca d'epoca, oggi ancor più ambita.

133 Scene dal lago di Como: un battello-in-
135 crociatore, carico di passeggeri, traversa il lago trasferendo culture e speranze da un punto all'altro, due imbarcazioni si raffrontano, a Cernobbio, in una sorta di confronto aperto, tre surf, nell'area antistante Molvedo, sprizzano desiderio di libertà.

136 Tremezzo, delizia alla vista: il barcone disegna sull'acqua tranquilla un contrafforte sereno all'altrettanto mite ambiente del borgo.

137 Isola Comacina, Ossuccio, due nomi, due rinomate località, memorie del bello rimandate alla sensibilità del visitatore: il canotto abbandonato sull'arenile è speranza di un itinerario nella poesia.

138 La torre di una chiesa medioevale, la piazzetta appena accennata, l'arco che proietta lo sguardo su uno scorcio di

nobili visioni: ecco Ossuccio, luogo degli incanti.

139 Villa Carlotta a Tremezzo: spigliata nella linea architettonica, rilucente nel bianco che contrasta con l'azzurro cobalto del cielo e le acque verde-celesti, occhieggia con materna benignità.

140 Un radioso sguardo al cielo, con il copricapo trattenuto di fronte alle variazioni del vento nella traversata, la giovane donna spalanca l'invito a godere la vista di Menaggio, sulla linea di fine lago.

141 Fra fiori, porticciolo, case ridenti, montagna che difende l'abitato, ecco Menaggio, perla del lago ed insieme fronte aperto alle vallate e alla parte alta del ramo lacuale.

142 Osservato dal monte Legnoncino, il lago ha l'andamento semiconcentrico di un enorme tubo conduttore che passa fra due penisole: nella realtà è il gioco degli sguardi che crea l'illusione, poiché, osservato più da vicino, esso si rivela un cordiale amico che si lascia facilmente raggiungere.

143 Il lago di Como in tre suggestivi e invi-
145 tanti scorci: da Laglio (143), da Brunate (144) e da Calozzo (145).

146 Porlezza, ultimo lembo del paesaggio italiano, prima di quello elvetico: due biciclette sostano nel corso di una gita e immettono l'osservazione sull'invitante lago di Piano.

147 Il lago di Piano, fra canneti, alberi, boscaglia, promontori e monti che si elevano sul fondo, sembra raccogliere, nel tepore di Porlezza, i segni di una stagione prossima al tramonto.

148 Dongo, poesia della luminosità: riposante e civettuolo, dolce ed incantato, il paesaggio stempera le gioie di un lago ricco di colori in previsione del riposo montano, i cui picchi, laggiù, chiudono il territorio.

149 Da Olgiasca, uno dei paradisi del belvedere, ecco la penisola di Piona, sbocco sul lago, su più fronti e nel mezzo di un bacino che è silenzio di sentimenti.

150 Gravedona - vista da Consiglio Rumo - con i campanili che svettano e le case raccolte in un grumo di verde degradante al lago, quasi protetta dall'antico casolare-baita, emerge sulla riva comasca in pienezza di luce.

151 Il laghetto di Novate Mezzola, dai dintorni di Dascio: un eremo, con una lingua di terra che, a mo' di penisola, si incunea, protetto dalla maestosità delle cime della Valchiavenna.

152 Il Plinio, traghetto che da Lecco risale il lago sino alla punta estrema di Colico, ormeggia davanti al verde e alle rocce, quasi ne fosse stato calato, in una Colico addormentata nel verde della collina, davanti al porto nuovo.

153 Il campanile - tozzo e massiccio, con l'abside dell'Abbazia che richiama la severità del luogo sacro - invita i visitatori di Piona ad elevare la lode a Dio, nell'immensa gioia di una natura profumata di vegetazione sempre-verde.

154 Il laghetto di Piona è bacino di piccole dimensioni, ma sono sufficienti una modesta imbarcazione a remi e un masso emergente a donargli il tocco di un angolo di suprema letizia interiore.

155 Il fondale di case ritmate e ancorate, lo spazio che mette in sicurezza, nel porto vecchio, le barche dalle ondate repentine, la signorilità di due cigni altezzosi, cantano la delizia di Colico, stella luminosa sull'alto lago.

156 Lezzeno, grande trepidare d'acqua e di cime che si rincorrono: la casa, maschia e brillante, in primo piano, alta sul lago, in mezzo al verde che le fa da nicchia, è il saluto che il bel paese dà al forestiero, ospite di un ambiente fra terra e cielo.

157 Varenna è un paesello delizioso, abbarbi-
159 cato alla spiaggia come l'abbraccio fra madre e figlioletto. In questo luogo d'incanto, villa Monastero si fa essenza del bello, con la teoria dei suoi fiori variopinti e i richiami ad un'architettura classicheggiante.

160 Bellano, grappolo di casette e di tetti arroventati sotto il sole e tagliati dallo stupore di un lago magico, sul quale il surf percorre il soffio stesso del vento.

161 Il braccio avanzato del muraglione, dietro il quale si cela il porto, abbraccia la prospettiva che Bellano dona allo specchio lacustre, in uno scambio fra acqua e collina.

162 Bellagio, andirivieni dei battelli. La punta del promontorio lecchese accoglie gli ospiti tra i colori dei palazzi storici e una passeggiata che apre l'orizzonte su prospettive di luminosità accecante.

163 Due luoghi, emozioni nella Bellagio li-
164 berty: a sinistra (163), la sala conferenze di villa Serbelloni, dove i grandi impegni internazionali trovano il punto degli incontri, e, a destra (164) un aspetto della stessa villa, tra piscina, relax, palme e dorata residenza alberghiera.

165 "Andiamo sul lago a villeggiar", risuona
167 la vecchia canzone, più ricca di impeti emotivi, quanto più si prospettano i panorami variegati del lago: salendo in funicolare verso Brunate (165), incontri vegetazione straordinaria e fiori sconosciuti, dirigendoti verso Varenna e il castello di Vezio (166), lassù, ti imbatti in uno squarcio di collina toscana, dove tutto è misura: cavalcando tra monte e lago (167), si pratica un trekking eccezionale in un ambiente immacolato.

168 Le gare veliche - come quella qui descritta a Mandello - stimolano il gusto dello stupore: il lago si increspa e si fermenta in argento, le vele solcano le onde come piccole storie ordinate di una vicenda più vasta. Il cielo, eguale in ogni orientamento, assiste compatto, silenzioso.

169 Mandello è questo e ancor di più: quella barca rosseggiante e la casa arancione-ligure, con la cima del monte che sovrasta, suscitano la sensazione di un luogo modesto, quanto sereno ed unico.

170 Alba a Lecco: i lampioni rimandano sulle onde quiete le loro palle di luce, il Resegone monta la guardia, le barche smorzano i ritmi nella giornata che si annuncia, attorno tutto è sonno.

171 La torre longilinea presiede l'architettura
173 e l'urbanistica di Lecco: se essa ha il tono del 'dominatore' (171), nell'altra immagine funge da punto di riferimento (173). Le rocce strapiombanti paiono inchinarsi, vassalle di un territorio che vede il lago protagonista unico.
Dal porticciolo di Malgrate (172) si profila la linea diritta di Lecco: la città è lontana, di là di quel braccio di lago, ma è presto raggiungibile con i cabinati che sostano all'ormeggio.

174 Pescarenico, con i colori che ne distinguono l'abito presepistico, si scioglie al tepore della sera incombente: le quattro case del borgo, nelle quali pare di risentire l'onda lunga del familiare racconto manzoniano, si stemperano alla luce che cala, mentre, lassù, il Resegone è il padre massiccio che tutto governa.

175 Anche d'inverno il lago vive, come succede a Porlezza (sullo sfondo), gemma dell'alto lago, che si protende davanti alla Val d'Intelvi, fra campi innevati e luci appena percepite.

176 Altri cinque laghi nello stesso territorio:
180 dall'alto, i laghi del Segrino (176), di Montorfano (177), di Annone (178), di Pusiano (179) e di Alserio (180); su tutti un velo di domestica malinconia.

181 Sul lago la gastronomia è di qualità ele-
188 vata: basta osservare la serie delle immagini per rendersene conto. Modi diversi per preparare piatti prelibati, pesci di assoluta fragranza, intingoli e formaggi pieni di sapori, salami che solleticano il gusto e vino che, in cantina, deposita - e accresce - il massimo del suo sapore.

*Didascalie
ed elenco delle fotografie*

Captions and photo index

1   The impressive aspect of the lake stretches across the northern part of the Garda towards Limone in the vicinity of the Bivio Tignale area, one of the most enchanting, poetic and colourful corners of the lake.

2/4 Sirmione, a pearl among pearls. At dawn, when the swans indulge in their ablutions... everything appears to be bathed in enchantment. The area of the Milanese Rocca wet basin is covered in beauty, just like the minute garden behind the parish church which proffers a touch of magic, bordering on the bewitching splendour.

5/7 Three views of unforgettable Sirmione, a favourite with tourists who continuously flock to it. A riot of colour on a cluster of houses viewed from the Castle and then, in the Roman Villa which had been inhabited by Catullo, the sight of a cerulean world which appears to re-emerge, intact in all its hues since the times of the Republican Rome.

8   Quaint and yet rambling amidst the colourful roofs and the greenery of a protected Nature and the colour hues of the water of the lake, Sirmione rises majestic and friendly, a peninsula inhabited by fabled people.

9/11 Sirmione, a boat crossing the lake, a motorboat awaiting its turn to leave, a painter painting the scenery and the castle rising amidst massive merlons and slender towers overlooking the water, the ships, the trippers and the landscape.

12 Sirmione: the Catullo grottoes, a timeless attraction, a walled in and indestructible sentry of a land kissed by a goddess.

13 There are more blue skies over Sirmione than you might find in Lombardy..., and what is more, "they are so beautiful": against such a background the glittering parade of houses, trees, boats and trippers on the drawbridge. All is wonder.

14 Regal Sirmione: a corner of paradise between the swashing sound of the water and the vestige of a strip of land, right there, where the mystery of the peninsula ends.

15/18 Desenzano, the aristocratic: there is something that brings back sweet recollections when faced with such natural landscapes: the port appears to come to life and exudes a new, almost magic feeling just like the view of the small town from the Castle.

19/20 Etched against the space of a canvas, Desenzano shows its charm in the spruced up appearance of the centre and the symphony of its architecture.

21/22 Salò, the phantasmagorical: children trying to fish against an evening scenario closing in on the burgh whilst the lights interplay with the sweet lulling of the water and outline memories of a timeless place. If one did not know that this was Salò, one could be forgiven for thinking of being in an enchanted suspended ambience...

23/25 Three colours of the water as displayed by Salò: the descending evening sublimates a boat ride (23), the sculptures in the San Felice Port (24) appear to "invade" the water, wavy and blue, and the ending to the day, when the "sailor's" lot becomes heavier (25).

26/29 Four colours over Gardone, the home of D'Annunzio, the seat of the Vittoriale, a testimony of a "place of consequence" vibrating to the memory of the poet. Between the Vittoriale, the church and a large villa, a luscious Nature displays its charms.

30/31 Two enchanting visions of Gardone and Gargnano along the lake shore: the tower of San Marco on the left and the docking area of Gabriele D'Annunzio's "Mas". Below, villa Feltrinelli, at one time a Benito Mussolini residence, and a conglomerate of some of the most original architectural styles.

32/35 Corners and perspectives of Gardone: the area along the lake shore, the tower of San Marco, villa Alba on the littoral, a full-view panorama amidst the green and the azure.

36/37 Architecture is refinement on the Garda: in Bogliaco, villa Bettoni (18th century), as seen from the lake, with its inner garden proffering a riot of vivid colours, a testimony to a princely residential idea.

38/41 Amazing visions: Tremosine, a filtering through of memories lost and recovered (38); the Gardesana path amidst crags and vegetation, the initial part of a tunnel and sloping landscapes (39); Gargnano, an ancient burgh, the lake sentry (40); Maderno, barricaded on the shore, like a conglomerate which does not renounce living within narrow but ravishing spaces (41).

42 Bogliaco. So states the extremely simple writing on the gangplank. The little boy sitting....rather dangerously, with the fishing line in his hand spreads the joy of fusing, well, almost, with the water...

43 When the olive trees and the pine trees raise upwards as if in an "embrace" of an ideal cohabitation, this is a sign where here, the colours attest mainly to harmony, exactly like that extraordinary zooming shot on the Vittoriale of Gardone amidst decreasing lighting and sunny and unique corners.

44/45 And this is Limone: simple poetry, spontaneous, almost folkloric, in the phraseology of a fantasy without end.

46/50 The perspectives multiply, each one with a different answer: Limone is the lyric which first enchants and then amazes one whilst everything in the dusty beam turns into the exceptional and the strange, - from the ancient small port to the "vicolo Salute", from the sprawling of the dwellings above the lake, to the fisherman who finishes his work, to the boat which rather than escaping appears to take refuge in the silence.

51/53 Flowers "exploding" in the halo of the rays of an infinite dream: in Gardone (51), overwhelmed by the trunk of an old tree. In Limone (52), in harmony with the joyful rest of a young married couple pushing a baby's pram. In Gargnano (53), where the boat houses a floriculturist wizard.

54/55 Limone, a tender palm tree standing motionless against a menacing sky, projecting itself, not unlike on a South American beach, onto the silvery water and the glimmer of the snow heralding the coming of the next winter season.

56/59 Lotus flowers in Mantua, on the lake Superiore: a discrete beauty, half hidden blooms, not to proclaim their timidity but indeed, to show it to those who appreciate absolute values.

60/61 The lakes Inferiore and Superiore of Mantua: the docking area and the delle Grazie shrine, a continuous reassuring serenity.

62 Lake Inferiore of Mantua: a calm, stern ambience, matching the architectural rhythm of the city buildings.

63 The lake Mezzo of Mantua: the tree and the boat appear to underline even more the depth of the lake whilst further down, the "stopping" line brings to mind the reality of a small basin endowed with simplicity.

64 A docking pole, and another, a foundation pole of the pier, a couple of aquatic birds, the lake that appears to subside deeper until it is barred by the advancing hills: this is Iseo, as seen from the Bergamask bank of Sarnico.

65/69 Cruises on lake Iseo, diverse typology and places: from above, a fisherman in action in front of the Paratico dwellings (65); another looks for fish among the bed of reeds next to the Sarnico bank (66); the "sweeper" of the lake cleans the water from the debris in front of Predore (67); finally, two sailing boats near Iseo and Predore, surrounded by a reassuring soothing environment (68 and 69).

70 Villa Giuseppe Faccanoni (1907), designed by Giuseppe Sommaruga, bears strong expressive sensitivity facing the lake within the territory of Sarnico. The environment and the architecture mingle with each other. As one approaches the villa, one notices that the building is symbiotic with the quiescent lake.

71 To the left, villa Luigi Faccanoni (1912)
74 designed by Sommaruga, one of the best expressions of the Liberty style (71).
Three landscape perspectives, three areas of the Isean territory with compact scenic masses: Clusane (72), famous home of the "tinca" fish; the symmetry of Predore (73) with the Foresti tower on the right; the ascent to Tavernola Bergamasca (74), with the succession and the growth of urban planning "tales"...

75 The boat, looking like a candid puff amidst the intense azure of the lake, counteracts the "puffs" of the olive trees and the plantations beyond which the residential area of Tavernola is hiding. Above them rises the civic tower and the cupola of the parish church.

76 One can live Icarus' dreams in many
79 ways: today, it is the hang-gliders' dream in flight, and here they are, in an arabesque of hues, spreading their wings over Iseo, stretching the "instrument" before starting their jump above the water in total freedom of a flight guided by the wind.

80 All is canvas over this stretch of water
82 grooved by a boat, a canoe, a sail boat. The vista of lake Iseo is the background to a plotless story.

83 At the port, in the "piazzetta" (the small
85 square), or along the shore of the lake, Iseo is always the same, open to the tourist and fascinatingly free.

86 A wealth of ways of looking at and
90 loving Montisola, the extraordinary promontory which rises in the centre of the Iseo. Dominated by the ruins of an ancient castle, this is a fascinating place for walks and visits. On foot or by bicycle, one has the distinct feeling of entering into a timeless world. Montisola attracts the tourist through its willingness to show its charm and the quality of its compact lake frontage. But should you look at it from the vineyards on the Brescian bank of the lake you would consider it as a kind of abandoned volcano... In that case, the "ravishing" which engulfs you is even more intense, a true sign that poetry, amidst such naturalness, enthrals you forever.

91 Three separate places, symbols of ideas
93 on the lake Iseo, where the bow of the boat points towards the bulge of the lake where the island of San Paolo rises. The other islet with its embattled castle skyline is that of Loreto. And then there is Zù, a corner of paradise on the Bergamask bank between Tavernola and Riva, with its swimming pool vying with the water of the lake.

94 When the sun sets, the scenery is a-
96 glow. The sounds of silence, already at their pitch, appear to soften and yield.

97 The images are filled with surprises on
99 the lake: the vertiginous turret of Vello (97); the large sculpture which in Pisogne yields to the unknown (98); the lulling of the boats in the small port of Iseo makes one aware of the swelling of the waves (99).

100 From Sulzano (100) just like from Lovere
106 (101) come two messages from an environment which causes emotion. The erect tower (102) appears to lend Lovere the dimensions of a fort which stands up against any attempt at violation. The surf sails on the lake penetrate the serenity of the wave. When Lovere stretches out completely (103), the quaint shapes of the houses all along the shore mingle with the colours of springtime already on the way amidst the uncertain glimmer on the lake. The bar and the monuments in the piazza (104-105-106), with the hippogriff gushing water, these are happy moments to be shared with joy.

107 Two moments in the daily life of Lovere
108 amidst tasks and the recovery of historical-artistic values: brother Severo Bettoni in the convent on the hill of San Maurizio reads his breviary, surrounded by the peaceful environment. The Tadini art gallery prolongs the culture along the lake. This too, is Lovere.

109 Here we face a small lake, lake Endine, a
110 minute gem, with its instant scenery over Bianzano (109) upon which reigns an ancestral castle, the seat of so much history and San Felice (110), smilingly looking over the leafy shore across the lake, delighted by this lacustrine stretch of water.

111 Beauty is not only behled when looking
116 at enormous landscapes, but it stands out even more when facing small, quaint, far away places like this extremely serene image of San Felice on the lake (111), the pearl of lake Endine, and this other image, exuding a 19th century mood, of Endine (115), county seat of the territory. In the centre, Nature and care for the environment: a duck and its ducklings huddling together, the swan preening itself and a poster inviting people "not to squash toads". During the course of some seasons, these animals or "bufo-bufo" as they are fondly called by men, leave their habitat around the lake and cross the provincial road meeting passing drivers, risking to be caught under the wheels of the vehicles. Finally, lake Endine (116) almost in its entirety, in a scene as seen from Ranzanico, the highest locality on the lake: it spreads and outlines so many unusual spaces, just like the Northern fjords.

117 One of the strangest lakes in Lombardy,
123 must certainly be lake Idro in the province of Brescia. Modest and yet evocative poetry as well as testimony of stones or walled-in coats-of-arms or small leading paths, especially Anfo (120-122-123), an ancient and humble town which mirrors itself, almost furtively, onto the waves of the lake.

124 Valvestino. A lake which appears to be
125 motionless, encrusted between the leafy shores at the feet of the mountain. A lake, apparently without history, in the Brescian province, and yet, resplendent with hues and moods in its rivalry with the surrounding greenery.

126 The poetry of lake Como and Lecco emanates strongly from this first image: a bank vying with the waves, almost uniform dwellings, roofs made from the same slate, a green frontage that matches the pulsation of the place and a lake to be loved, beautiful and silent, almost fleeting in its way. This is Brienno on the shore of the Como side of the lake, sandwiched in between Cernobbio and Argegno along the Regina road, waiting to welcome us.

127 The works on the lake add to the quaint-
129 ness of the ambience: the installation of nets to hold back the landslides carried out with the help of a helicopter allow the operator to move as if he were an acrobat; the restoration of the cupola of the Duomo of Como with the workmen harnessed as if they were climbing the Alps...

130 With its lake kissing its shores and its
131 territory illuminated by strips of fading light, and the daring cable-car line climbing to Brunate, Como relaxes in the approaching dusk, the stretches of water of Garlate and Olginate dotted with myriads of burghs and houses, signal that this is the last lake... which one can admire on the way to the great Milan area. After that, only industries and roads will meet one's eyes, and the lakes that one has left behind, will become but a memory.

132 The lake is dotted by large villas, some historical and of great value. Here is villa d'Este in Cernobbio, the seat of high pro-

file international meetings. The "lspear of the lake" on the foreground, is a boat from a past era very much longed for today.

133 Scenes from lake Como: a cruising ship
135 laden with passengers crosses the lake transferring cultures and hopes from one point to the other. Two ships face each other in Cernobbio in a kind of open confrontation whilst three surfing sails in Molvedo, on the opposite side, exude a desire for freedom.

136 Tremezzo, a delight for the eye. The large barge draws upon the calm water a serene buttress on the equally mild ambience of the burgh.

137 Comacina Island, Ossuccio, two names, two renowned places, bringing beauty to the mind of the sensitive visitor: the canoe abandoned on the sand brings about the hope of an itinerary into poetry.

138 The turret of a mediaeval church, the merely sketched piazzetta, the view of a scenery of noble beauty through an arch. Here is Ossuccio, place of enchantment.

139 Villa Carlotta in Tremezzo. Soaring in its architectural line, resplendent in its white colour which contrasts with the cobalt blue of the sky and the green-blue water, it looks down benignly maternal.

140 A radiant glance at the sky, the headgear protecting against the wind during the boat ride, the young woman welcomes the enjoyment of the view in Menaggio, at the extreme part of the lake.

141 Amidst flowers, small port, charming houses and a mountain which protects the dwellings, this is Menaggio, the pearl of the lake and at the same time, opening onto the valleys and the upper part of the lacustrine area.

142 Looking from the Legnoncino mountain, the lake takes on a semi-concentric path like an enormous pipe leading through two peninsulas: in reality, this is an optical illusion because when observed from nearby, it becomes evident that this is a friend who allows himself to be approached with ease.

143 Three charming and inviting scenes
145 from lake Como: from Laglio (143), from Brunate (144) and from Calozzo (145).

146 Porlezza, the last portion of the Italian landscape before reaching the Helvetian part. Two bicycles are stopped after a ride as if to invite one to look at the charming lake Piano.

147 The lake Piano amidst reeds, trees, woods, promontories and mountains which rise in the background, appears to outline in the warmth of Porlezza, the signs of a season coming to an end.

148 Dongo, poetry of light. Serene and perky, sweet and enchanted, the landscape softens the joyful colour of a lake awaiting for the mountain to rest, its peaks, further away, closing off the territory.

149 From Olgiasca, - one of the paradises of the belvedere, - one looks at the Piona peninsula, entering into the lake from many corners, whilst in the middle of a basin, there is the silence of feelings.

150 Gravedona - viewed from Consiglio Rumo - with the campaniles which soar and the houses which are gathered in a cluster of greenery sloping towards the lake, almost protected by an old homestead-refuge, it rises from the lake Como shore side, bathed in light.

151 The Novate Mezzola small lake, in the surroundings of Dascio. A hermitage over a sliver of land, which not unlike a peninsula wedges itself in and is protected by the majesty of the Valchiavenna peaks.

152 Plinio, the ferryboat which travels up the lake from Lecco up to the extreme point of Colico, is moored facing the greenery and the rocks almost as if it had been dropped amidst a sleepy Colico surrounded by the greenery of the hills, right there, in front of the new port.

153 The campanile - stocky and massive, with the Abbey apse reminding one of the austerity of this holy place - invites visitors to Piona to raise their praise to God, surrounded by the immense joy of a Nature fragrant with ever-green vegetation.

154 The small lake of Piona is a basin of small dimensions but nevertheless, large enough for a rather modest rowing-boat and an emerging rock lending it the touch of a small corner of supreme inner happiness.

155 The backdrop of houses, harmonious and anchored, the space securely protecting the boats from the sudden motion of the waves in the old port, the distinguished aloof beauty of two swans, all this speaks of the enchantment of Colico, the bright star on the upper part of the lake.

156 Lezzeno, a great orchestration of water and rows of peaks: the house, sturdy and shiny in the foreground, high up on the lake, enveloped by foliage, as if in a niche.

This is the greeting that the beautiful country extends to the foreigner, the guest in an environment between sky and earth.

157 Varenna is a small quaint locality spread-
159 ing over the beach in a motherly embrace towards her small son. In this enchanted place, villa Monastero represents the essence of beauty, enhanced by its multicoloured flowers and a classic architecture.

160 Bellano, a cluster of small houses and roofs burning under the sun and outlined by a magic lake upon which a surf sail slides along the breath of the wind.

161 The extended arm of the large walls behind which the port is ensconced, embraces the perspective which Bellano gives to the lacustrine water, in an exchange between water and hill.

162 Bellagio, a to-and-fro of boats. The promontory point on the Lecco side welcomes the guests amidst the colours of the historical buildings along a walk which widens horizons over a perspective of blinding luminosity.

163 Two places, emotions of a liberty-styled
164 Bellagio. On the left (163), the Conference Room of villa Serbelloni where important international sessions find a meeting point and on the right (164), another aspect of the same villa, amidst the swimming pool, relaxation, palm trees and the renowned hotel.

165 "Let's go cruising on the lake", so sang
167 the lyrics of an old song. These words gather more emotional impetus when considering the variegated panorama of the lake. Climbing with the funicular up to Brunate (165) one encounters an extraordinary vegetation and unknown flowers. Moving towards Varenna and the castle of Vezio (166), up above, one views a scene of the Tuscany hill where everything is impeccable: riding along between mountain and lake (167), one indulges in an exceptional trekking within an immaculately kept environment.

168 Sailboat races - like that which is shown here in Mandello - stimulating the taste for amazement. The lake ripples and ferments in a silvery colour, the sails cut the waves in small orderly tales within a much larger happening. The sky, the same whichever way you look at it, stands by, compact, silent.

169 Mandello is this and more. That reddish-coloured boat and the Ligurian-orange house, the mountain peaks, a scenery, this one, which gives one the feeling of being in a modest, serene and unique place.

170 Dawn in Lecco. The street-lamps project onto the quiet waves their spheres of light. The Resegone stands guard from above, the boats slacken the rhythms of the approaching day, everything around is somnolence.

171 The high tower oversees the architecture
173 and the urbanization of Lecco. If one gets the idea, from this photograph, that it is a "dominator" (171), on the other image (173) it acts as a point of reference. The overhanging rocks appear to bow, vassals to a territory which acknowledges the lake as the sole main character. From the Malgrate small port (172) one can see the straight line to Lecco. The city is far away, on the other side of the lake, but it is quickly reached through the cabin cruisers which are resting in the mooring places.

174 Pescarenico, colourful as if wearing its Christmas garments, sultry in the warmth of the approaching dusk. The four burgh houses in which one can almost feel the long wave of the Manzonian tale, dissolve in the descending light whilst up above, the Resegone mountain watches like a massive father who rules all.

175 The lake also lives in the winter as can be seen in Porlezza, in the background. This is a gem of the widened lake moving over to Val d'Intelvi amidst snowy fields and barely visible lights.

176 Five more lakes within the same territory.
180 From the top, lakes Segrino (176), Montorfano (177), Annone (178), Pusiano (179) and Alserio (180). Over all of them descends a veil of homely melancholy.

181 On the lake, gastronomy is of a very high
188 level. All we need do is observe the series of images to notice the wealth of different ways of preparing exquisite dishes: flavourful cooking, superb fish and cheeses, salamis which tickle the taste-buds and the wine which lies, down below, in the cellars to reach its optimal taste.

189 The seagull perched upon the pole on the Varenna jetty, in the pearly setting of the sun, amidst the motion of the water showing no vestige of blue hues. All is changed whilst waiting for the reappearance of Varenna, at dawn tomorrow, sweeter than ever.

190 Angera, one of the "v.i.p. haunts" on lake Maggiore. Here it is, framed by a Rocca balcony from where one can enjoy a magnificent panorama.

191 A typical scene: reeds on the banks lashed by the breeze on a lake dotted by pre-evening light and shade.

192 Two lakes, a comparison: the Varese lake
193 (192), modest and yet rich of fragrant "wheat" colours and the melancholy of lake Maggiore (193) kissed by the last dazzling sun rays and the approaching night.

194 Lake Varese, the lake of recollection, one of the seven lakes which furrow the provincial territory, the best known and also the most popular: houses and churches looking down onto the water of the lake.

195 The boats on the Caldè banks at sunset, depict the image of a place where one can stop and restore one's mind and body.

196 Schiranna (Varese), five boats, one sole poetry, a peach-tree in bloom, the outline of the lake coming to an end, the still water loath to move in the silence of the environment.

197 The Rocca di Angera, a place for armed
205 sentries, bellicose recollections, order and fortresses, but equally for historical relics, lying among massive architectural shapes. In this succession of images one encounters an ambience which brings to mind an aristocratic past with interiors which depict the precious heritage of the era, 12th and 13th centuries frescoes testifying to the splendour and the style of a sumptuous epoch, the detail on a piece of furniture of the 17th century, the cellar and press of the 18th century, the bedroom of San Carlo Borromeo, witnesses all of a world which continues to enthral.

206 Whilst the Rocca di Angera stands out
209 toweringly upon the highest point of the rocky slope, the sail boats appear to enjoy a waltz to the tune of the waves. Thus the refined rapport is fulfilled between the Rocca - an imperious lacustrine observatory - and the territory of the water.

210 A most hair-raising place for a shrine in
215 the world, that of Santa Caterina del Sasso (Varese), standing right on the tip of the rock and looking down onto the lake. From a landscape point of view it offers strolls and from the artistic point of view it is stimulating, allowing to view delicious frescoes and stop and look down, in a bewitching vertigo.

216 The perspective over the lake Maggiore
218 is quite audacious. Here is one, the first at the top, with a view of Brebbia and the twisted tree which stands to one side to allow a wide view of the lake (216); or the "berceau" (the cradle) corner of Santa Caterina del Sasso (217), whilst the lonely fisherman experiences the joy of rediscovering the lead amidst a flattering Nature (218).

219 Quick sequence of ideas for a holiday on
226 the Maggiore. The contact with the various meteorological "truths" and the time changes are manifest if related to clear sights within a scenario of admirable proportions. From Caldè (220) to Laveno (226), from the islets towards Brebbia (225) to Angera (224), all is a kaleidoscope! From lake Varese, on the left, lake Biandronno (223) can be seen amidst reefs and vegetation, a quiet place, a dream of melancholy revisited. One of the Varese lakes is lake Ganna (222), situated in an area next to that of Ghirla. The scenery is rural, pastoral, of soothing country-side. The lake promotes increasing memories.

227 Oarsmen's efforts and springtime hymns
229 to Nature: the oarsmen in Schiranna and la Rocca di Angera as seen from Arona, open the heart to emotions which one cannot conceal.

230 Nature conjures strange optical illusions
232 which not even the most alert photographer is able to capture, but here are three "stages" of this calm, sleepy Nature in the Brabbia di Inarzo marshes in the Varese province. The water welcomes the harmony of Creation and asks not to be disturbed.

233 Here is the small island of Virginia, a
234 remote corner almost forgotten by the unaware tourist. Should one wish to visit it, however, one could reach the "Giazer" of Cazzago, strange glaciers of the 17th century which remind one of Alberobello.

235 The harmonious water of the lake Ghirla
236 (235) and on the border, the landing place of the Ceresio port (236) on lake Lugano where there are two cultures but the dominating one is Piero Chiara's favourite.

237 To sail a boat on lake Varese is a pleasant sport also and mainly to allow oneself to be lulled by the sweetness of the waves, in a dreamy vision between green and blue.

238 A boat, two sails, a placid lake, a horizon line of intense hues. This is Angera, in the pulsating heart of lake Maggiore" in contact with a Nature which envelops one in a wealth of visual emotions.

239 Two more small lakes compete in giving
242 space to the large Lombardy basins: lake Comabbio (239-241), where the presence of beds of reeds is particularly evident and lake Monate (240-242), a canvas of harmony and equilibrium of places grooved by clear, sweet water.

All the captions "recounted" and referring to thousands of places on the lakes have also been written by the author of the texts in this book, Amanzio Possenti.

Lake Garda *Benaco*

Lakes of Mantua

Enchantment and melody

Those waters, so azure as they mirror the shores dotted with small towns and vigilant rocks or perchance mistaken for the mountain tips leaning over and jagged, grip one with contrasting emotions: the religious sense of peace and distress, the panic of uproaring noise. The lake, loved by those who favour the serenity of the soothing, soft swashing of the waters, is also a place for motorized patrols of noisy tourist hordes. Hence, the double positioning of the Garda, amidst the imperceptible rustling of a sail boat or a windsurf. And the deafening roar of a motor-boat speeding along aimlessly.

Catullo, the great Latin poet, had taken refuge in Villa di Sirmione attracted by its seclusion, unreachable, through the adventurous travels through Bitinia. In the centuries-old Villa, a witness of the mild climate of this environment, he had proclaimed the imperturbable values of poetry as a source of peace. So had Ezra Pound in his poems, though lacerated with inner pain and barely muffled by the sweetness of the lake. Carducci, terse of language, had been struck by the soothing symphony of the place, and a wandering Stendhal had gone there in search of an inner retreat.

Today, contemporary poets - Mario Arduino in the language and Franca Grisoni in the vernacular - transmit the tender elegy of the Garda and underline the happiness of a world which fears the approaching discomfiture of privacy, whilst the lake appears to become entangled in youth (eternal), colours (relaxing) and consumerism, which attracts large numbers of holidaymakers. Reminiscences of the start of the century re-emerge, when the mix of holiday resort and health cure was available amidst a wondrously original beauty - still enfolding under one's eyes at each turn of the bow - and the melody of the enchanted and solitary places.

The landscape is "brightened" by gracious and sinuous olive trees which recall scenarios of quiet elegance, like those from the hills of San Pietro in Mavino, gathering everyone at sunset at the sound of a bell. The stage which spreads before the Vittoriale possesses the light of solemn and melancholy poetry: Gardone and Salò seem true corners of serenity. From Limone, one can enjoy the throbbing of Time which appears to have stopped amidst the rocks; Padenghe and Tignale exalt Nature as a friend and Desenzano sparkles in the motion of an architectural civilization which changes the lacustrine experience.

And then there is Sirmione, the extreme star, the maternal eye of the Garda, where the liturgy of the day is sung by legions of birds and by the superb changing of colours and transparencies, whilst the lake nestles, relaxed, and allowing itself to be lulled against the shores by the almost silent waves which rediscover the rhythm of a light sound. A fabled recounting in graceful modulation between dream and memory, where every instant of Life appears suspended in an utopian Universe and yet, so near to Man.

Boats, motorboats and canoes streak across the Benaco waters day and night, as if to gather the long breath of the waters.

The flowers colour the unique ambience; the succession of flocks of aquatic birds on the shores lends an almost marine scenario; the shores appear to move back instead of touching or gather together under each fleeting gaze. All becomes transfigured as if under a spell, shutting off the din and negativism. The space only widens for poetry, the delicate and crooning Muse. From the merlons of the Castle di Sirmione, like from Punta Staffalo, jagged and inaccessible, there comes an invitation to love these sights chosen by a God beningnly looking down upon his faithful...

From afar, to the south, the slow and dense waters of the Mantua lake resound in festive echoing, like a joyful tribute by a vassal to his lord, the Benaco, which mirrors itself onto the gardens of Eden from its vantage position from the Brescian area bordering onto the Venetian and the Trentino provinces.

Lake Iseo
Sebino

Lake Endine, Lake Idro,
Lake Valvestino

Striking emotions

The most authoritative statement on Lake Iseo comes from the coves among which, the sun filtering through, produces a play of light and compositions which re-echo the striking emotions of a Segantini painting. The landscape appears to soften, just like a purring cat "preening" itself on the sultriest afternoon. In fact, the sun designs amazing symbols, mellows and modifies points of view, conjures up rocky arabesques or colourful, joyful symphonies, awards lushness to the flora and plays a hide-and-seek game whilst ready to pierce an immaculate fabric, not altogether uniform but dotted here and there with tears. It penetrates and plays with Nature, it brightens the paths on the shores, it sketches slanted lines on the centre islet, re-outlines the environment whilst releasing light, intense at times, vanishing at others, and barely visible at other moments. In short, a world forming beneath the gaze of the sun, incapable of detachment, just like a new-born baby at its mother's breast. The landing poles - on the Bergamask shore of Sarnico or those hidden away on the Brescian bank of Paratico and Pisogne, more than landing places, they rise from the water as if to share a poetry which could not be more melancholy. One does not notice here any crafts nor a "built-up" syndrome. The lake is a perennial show of Nature's mysterious resilience. This is Nature at its most welcoming warmth, like a house of reduced dimensions where every room houses an enchanted story still to be recounted.

The Lake Iseo possesses these peculiarities - a small basin offering itself to the glance. Observe it from Sulzano, among the rows of vines lining-up on the descending slopes.

There below, the waters play Mozartian symphonies which do not require a final apotheosis. They express with simplicity the harmony of the chromatic scale of Montisola rising wary and furtive from the centre of the basin.

Where the mystery takes on original connotations, one gets the measure of Lake Iseo. Unpretentious but superbly photogenic little corners, opening up dreamy vistas in a territory of the spirit in which vision and participation mingle to the utmost.

The simplicity of Sebino - squatting between the terrain of two provinces, is one such place where there is no overstatement, ever.

Everything here is clean, neat, selected. One could say that the lake has sought a master-photographer without even trying.

It has found it in Nevio Doz who seeks in his images not the majestic but prefers a more homely parlance with a touch of mystery. Even the sunsets - a romantic essence of the lake - take on, on the Iseo, the appearance of a customary sweet vision for the eyes, indeed not a frame for aggressive luminescence.

The lake becomes even narrower, just enough to live fully its dimensions. The surroundings reveal the very same good taste. A small tower surges from the water, a large sculpture of a bridling horse in Pisogne, the belvedere in Liberty style, churches and chapels, simple, almost sullen, though filled with works of art and other things unknown and precious. The Sebino is also this, exposed to the changing weather and to the inner joys of those who visit it. These are atmospheres which belong partly to analogous sights, grooved by small lakes and yet, not to be ignored: the lake of Endine appears to have been swallowed up inside a lean quarry and from the San Felice or Monasterolo del Castello shores, humbly re-echoes the harmony of bewitching surroundings; Valvestino and Idro, both in the province of Brescia, spread suddenly, before the gaze of the visitor, surrounded by demure landscapes. All together, with the Sebino, they form a kind of quaint republic of small lakes... towards which, due to the minuteness of their aspect, they command a rather slender love, akin to one for a thing of beauty, but nevertheless, rather understated.

Lake Como
Lario

Lake Lecco, Lake Garlate,
Lake Olginate, Lake Annone,
Lake Pusiano, Lake Alserio,
Lake Montorfano, Lake Segrino,
Lake Piano

Poetry and light

If one stops to recall the image of a lake, the most "popular" from a common knowledge point of view is certainly that of Como and Lecco. This is so, mainly due to "that arm of lake Como which...", as we all know though maybe vaguely, since that day when Alessandro Manzoni imortalized it in a geo-physical-human portrayal in "The Promessi Sposi" (The Betrothed), a highly considered classic... The Lario, which involves the homologous lake of Lecco, presents itself, therefore, as a territory sung in literary form. This excites and fills one with pride in an epoch in which cement is reserved to the moneyed ones rather than to the followers of matters spiritual... Well, of the Lario, in people's minds, there remain mainly images of a lake closed in by the peaks of the hovering Resegone, of an enamoured Lucia Mondella, a victimised, persecuted heroine, and of enchanting corners - coves and small towns - which only the pen and the expressive quality of Manzoni could have imprinted so deeply in the public mind.

Here shines a language of a rarefied and refined beauty, like that of an elegant high fashion garment.

The climate is much cooler here and the distance between the shores is shorter. There is here a constant encountering not so much of territories which follow one another amidst hills and plains, but of a geographical area which has been solidly positioned upon inaccessible zones, most of them hilly and mountainous on the upper part of the lake. And then there are countless small towns hovering above the water in a wild alliance between Nature and Life. Visibly, the picture is impressive through the originality of the envinronment and the fragility of the shores, - never the same, always irregular or covered by lush vegetation, often unstable.

From Cernobbio to Argegno, from Tremezzo to Menaggio to Dongo, on the western coastal road, from Bellagio, a charming peninsula, a harmonious equilibrium between yesterday and today; Varenna, a minute gem of classical beauty; Dervio and Piona, watched over by a prestigious Abbey, a unique pearl, ensconced within the belt of trees which bow in fraternal joy towards the waters down below; Bellano, Colico, a noble town which surrounds the lake like an encrusted tiara in a golden circle of light. This represents a continuous play of sensations and adventures of the spirit.

And if Gravedona shows a haughty and intact culture of a semi-hidden millenary temple, Cadenabbia shows the austere origin of its international coat-of-arms.

The scenery sculpted by the wind, is minute, chiselled and fixed upon the naked greenery. And if the towns by the lakes express sweetness, those at the top, blotted amidst rocks and perennial trees, are ensconced within unexplored coffers like Corenno Plinio upon which flutters the spirit of a kind goddess.

Nevio Doz takes vibrant, fresh images through the eye of a bewitched spectator. He marvels at the sight of Cernobbio and its lonely boat sailing along and the motorboats and the ferryboats which alternate the shuttle between the shores.

Watchful, magnificent aristocratic villas.

From the upper part of the lake, he captures the panoramic vista from the Legnoncino mountain and also many other out of the way places. The typical quaintness of Larian working areas, the gastronomy, the crafts. The bounty of a friendly place.

This is at the same time, a joyful and harsh lake, delicate and transparent, particularly beneath the linked mountains, their hazy peaks drawn together as if by the will of a painter; this is a spectacular view of the Lario which somehow prefers understatement to the "limelight".

All around there are small stretches of water - from Garlate to Olginate, Annone, Pusiano, Alserio, Montorfano, Segrino and Piano - lightly throbbing, as if standing on their toes, more desirous of shunning Man's footprints rather than welcoming his touch.

These are meek lakes, exuding, despite the harshness of the scenery, the joy of singing every day the most beautiful hymn to the Creator, whilst feeling rewarded by those who appreciate their great humility.

Lake Maggiore
Verbano

Lake Varese, Lake Biandronno, Lake Monate, Lake Comabbio, Lake Ganna, Lake Ghirla, Lake Lugano

Harmony and hues

From Sesto Calende to the Rocca di Angera to the Isole Borromeo (the Borromeo islands), from Arona to Stresa, Intra and Verbania, from Luino up to the boundary with the Locarno territory, Lake Maggiore penetrates an Italian-Swiss path which attests to the internationalism of these waters, the only ones which in Lombardy may boast a presence which is not merely national.

This is also another reason why the Maggiore's "lineage" has been justly ennobled and vaunted when compared to any other. Rivalry between this area - the luxuriance of its spaces, shores, number of resorts, inhabitants and business activities - and the remaining analogous areas, may cause some on-going controversy but this does not deter from the sense of sovereignty, of aristocratic pride which exudes from the Maggiore.

Against this backdrop, many are the legends and the passionate stories which have been interwoven and interspersed with great poetic harmony by the bards (Byron and Goethe for all but also Vittorio Sereni and Piero Chiara in recent times). The waters mingle with the flight of dreams, the perspective is enchanting in its moods and fuses with the hues of the shores. Dawns and sunsets underline the triumph of colour. If, on a summer's night you observe the lake from Stresa and you let your gaze go beyond the Isola dei Pescatori, you will feel the whispering turmoil of polychromatic sensations in their most unexpected hues of blue, here and there pierced it would seem, by the tip of a foil, a boat appearing all of a sudden under the glow of a fishing-light.

The horizon tints itself with the colour of pearls, just like a shroud transfixed by light. This is a vibratile luminescence, tremulous and silent which reaches but does not clash with the shores ornate with dazzling lights and sudden radiance.

If Arona watches over Angera like a sentry on duty and Baveno looks like a bewitched escort to the imperial sleepiness of Stresa, amidst imposing hotel structures and the outline of sumptuous villas, the Rocca di Angera is the symbol of escapism in the lulling of the sail boats which rock in the breeze.

If you are looking for serenity and you wish to absorb it deep into your soul, all you need do is to go towards Brebbia, where the lake will ravish you and envelop you in the notes of melodious chanting, or to Santa Caterina del Sasso, a miniature which expands towards the immensity of space. And what of the sunsets? If they may be reminiscent of some tragic excerpts from Shakespeare's "The Tempest", they are, nevertheless quiescent at the disclosure of the grandiosity of a nebulous sky, interwoven with the sweet froth of the water, in an atmospheric link.

One is tempted to throw oneself into recollections in which the value of what is Beautiful is tantamount to normality, thrust by a hermitage, a stern but exuding beauty. And yet, beyond the most diaphanous and fleeting recollections, the Maggiore, with its aquatic indentations, would appear to give one a sensation of being an unprotected place.

Instead, it is considered a fort for an intact sovereignty, beloved by the poets, sung by musicians and acclaimed by the common Man.

Here, everything is authentic, though mythical reminiscences find it hard to sink into oblivion. Dear, ancient Lake Maggiore, you too have been "offended" by legions of discourteous people, but luckily you have also been acclaimed by throngs who are fearful of showing too much familiarity towards you... Dear friend Verbano, rich and joyful but also quite evasive: all is order and wonder in your coves, each corner is luminescence reflecting across the opposite shore.

Other neighbouring resorts are ready to welcome the visitor. Lake Varese with the Isolotto Virginia (the Virginia islet) bathed in unusual hues. Monate, amidst gracious villas dotting the hills. Comabbio, with its wild grass meadows where flocks of birds make their nests and where you find the dimension of extraneousness; Porto Ceresio and Ghirla, Helvetian lacustrine examples, but always, at all times, in the Lombard style.

Everything is bathed in harmony. The Maggiore waters are quiet, though restless, and allow the re-discovery of sharing Life with others: to be lulled like a child at the sound of the rhapsody played by the waters is rather like considering the Lake coves as loving Mothers. The Maggiore - though so vast - is maternally familiar.

Indice

Storie, identità, romanticismi fra onde, rive e approdi pag. 5

Incanto e melodia
da foto n. 1 a 63

Lago di Garda - Benaco

Laghi di Mantova

Emozioni folgoranti
da foto n. 64 a 125

Lago d'Iseo - Sebino

Lago d'Endine, Lago d'Idro, Lago di Valvestino

Poesia e luce
da foto n. 126 a 189

Lago di Como - Lario

Lago di Lecco, Lago di Garlate,
Lago di Olginate, Lago di Annone,
Lago di Pusiano, Lago di Alserio,
Lago di Montorfano, Lago del Segrino,
Lago di Piano

Armonia e colori
da foto n. 190 a 242

Lago Maggiore - Verbano

Lago di Varese, Lago di Biandronno,
Lago di Monate, Lago di Comabbio,
Lago di Ganna, Lago di Ghirla, Lago di Lugano

Didascalie ed elenco delle fotografie pag. 130

Index

History, identity, romanticism amidst waves, shores and landing places page 15

Enchantment and melody
page 139

Lake Garda - Benaco
from photo n. 1 to 63

Lakes of Mantua

Striking emotions page 140

Lake Iseo - Sebino
from photo n. 64 to 125

Lake Endine, Lake Idro, Lake Valvestino

Poetry and light page 141

Lake Como - Lario
from photo n. 126 to 189

Lake Lecco, Lake Garlate, Lake Olginate,
Lake Annone, Lake Pusiano, Lake Alserio,
Lake Montorfano, Lake Segrino,
Lake Piano

Harmony and hues page 142

Lake Maggiore - Verbano
from photo n. 190 to 242

Lake Varese, Lake Biandronno,
Lake Monate, Lake Comabbio, Lake Ganna,
Lake Ghirla, Lake Lugano

Captions and photo index *page 135*

Realizzazione grafica
Silvia Boni

Traduzioni
Group Professionals Marketing International
Liliane Gigante Paletta

Stampa
L.I.G.
a cura e per conto
di Grafica & Arte

© 1997 Copyright by
Grafica & Arte
via Francesco Coghetti, 108 - 24128 Bergamo
Tel. 035/25.50.14 - Fax 035/25.01.64

Tutti i diritti riservati
Nessuna parte di questa pubblicazione può
essere riprodotta, archiviata su supporto
magnetico, elettronico o digitale, o pubblicata
in alcuna forma o maniera, sia essa
elettronica o meccanica, senza la preventiva
autorizzazione scritta dell'editore.

Printed in Italy

ISBN 88-7201-190-6